JN125088

円空・人

生涯・信仰・歌・梵字

小島梯次

まつお出版

はじめに

円空仏と最初に出会ってから五十余年が過ぎた。この間、円空に関する拙論を諸処に書いてきたが、今回改めて数えてみたら二百余編にもなっていた。私も七〇代の後半になり、「そろそろ論考をまとめておかれてはどうですか」という畏友黒野こうき氏の言葉に触発され、今まで書いてきた文章の中から何編かを選び、それを基にしてまとめることにした。そして「まつお出版」代表の松尾一氏の御理解を得て、『円空・人』『円空仏・紀行』『円空仏・庶民の信仰』の三冊を順次上梓させて頂くことになった。

庶民の中に生きた円空であってみれば、その生涯について確実な資料は多くない。六十四年間にわたる円空の生涯のうちで、資料があるのは飛び飛びの二十五年間の事項のみであり、三十九年間は空白である。従って、円空に関して様々な推論が出されている。広汎に流布されている円空論のいくつかは私の見解と異なっており、本書ではそれらについての疑問と考察を詳述した。もとより先学の業績を否定する意図から始めたものではなく、その業績を評価しつつ、その中に私が抱いた疑問の答えを自らに課したことを出発点としている。

本書において円空の生涯と人物像の結論を出すことはできないと思うが、各種資料によって出生、出家、巡錫、入寂の生涯を探り、円空と円空仏の基底をなしている信仰の諸相の中から、また円空自身が直接発している言葉である円空の和歌を通して、或いは円空仏の背面に書かれている梵字の変遷を辿ることによって、少しでもそこへ迫りたいと念じている。

小島　梯次

目　次

※掲載した文章の最後に（　）で初出を示した。大筋は変えていないが、誤り、新住所、新知見など変更をした部分もある。
（　）のつけていない文章は、今回新たに書いたものである。

第一章　円空の生涯

第一節　出生

資料・文献に載る円空の出生年と出生地

円空の出生年を知ることができる唯一の資料は、群馬県富岡市一ノ宮・一之宮貫前神社旧蔵の『大般若経』断簡（写真①）に書かれた円空自筆の「壬申年生美濃国圓空」である。これによって円空が「壬申年」つまり寛永九年（一六三二）と出生年は解るが、出生地は「美濃国」と記されるのみで、詳しい地名は不明である。

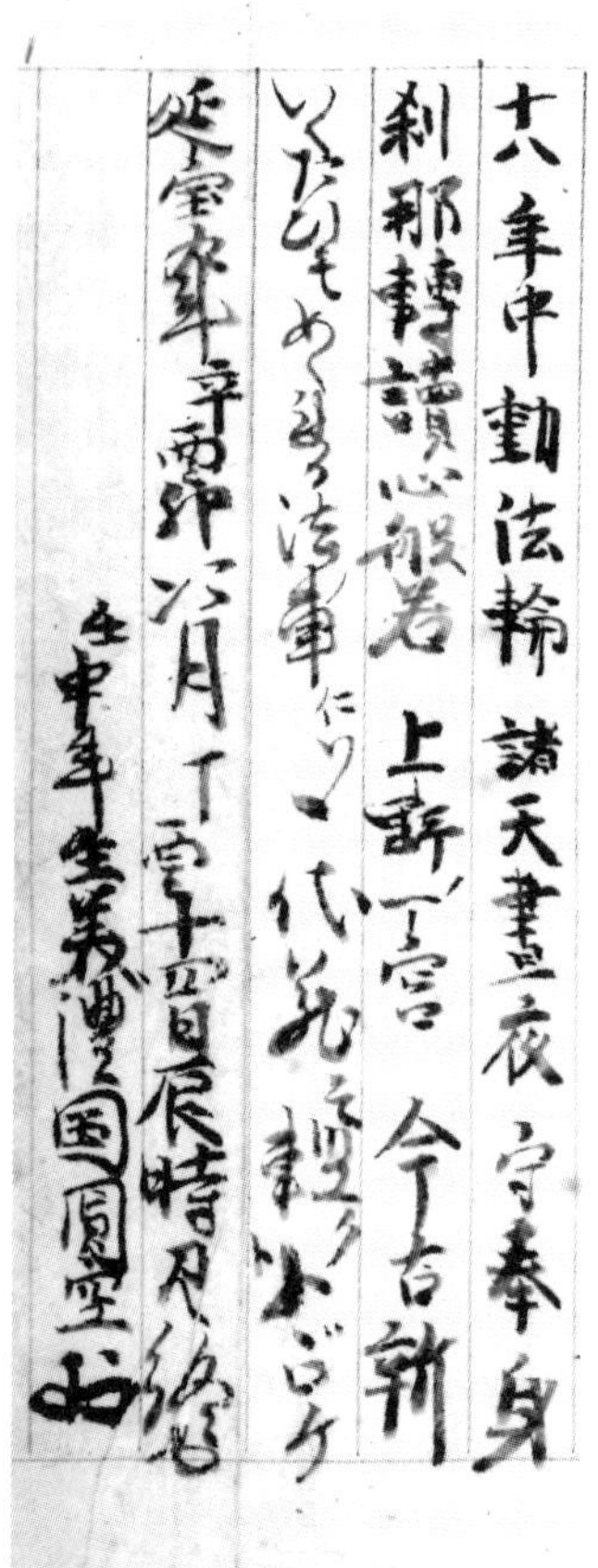

①　『大般若経』断簡
群馬県富岡市一ノ宮・一之宮貫前神社旧蔵

因みにこの大般若経断簡は、明治の神仏分離の際に一之宮貫前神社近くの河原で、同社にあった多くの経文と共に焼却処分される寸前に、篤志家によって救われたものと聞く。それが巡りめぐって、昭和四十五年（一九七〇）に、東京都千代田区神田の経文類の古書市に出されていたのを、千葉県山武郡芝山町・観音教寺の御住職が、他の経文類数百点と共に手に入れられたとのことである。

大般若経断簡の最後の行に「延宝九年辛酉卯二二月丁酉十四日辰時見終ル也」（一六八一）とあり、辰時（午前七時～九時）に見終わったということは、恐らく徹夜をしたのであろう。又、「見終ル」によって、この大般若経断簡は「第六〇〇巻」であると思われる。

円空の出生地について、寛政二年（一七九〇）刊行の『近世畸人伝』（僧円空附俊乗）冒頭に「僧円空は美濃国竹が鼻といふ所の人也」と書かれている。この記述は、著者の伴蒿蹊の友人である画家の三熊思孝が岐阜県高山市丹生川町・千光寺を訪れた時の見聞を基にしたもので、「竹が鼻」は現在の岐阜県羽島市竹鼻町のことと思われる。「寛政十二庚申年九月」の日付のある館柳湾の書いた千光寺蔵の『円空上人画像・跋』にも「圓空上人美濃竹鼻郈人」とあり、円空が「美濃国竹が鼻」生まれということは、当時千光寺で定着していた説と考えられる。

岐阜県下呂市金山町祖師野・薬師堂の木札にも「……円空上人ノ来由ヲ尋ルニ当国竹ケ鼻在ノ生レニシテ……此札文政九丙戌歳三月吉日納之　対硯堂主謹書」と円空が「竹ケ鼻」で生まれたと記されている。文政九年（一八二六）は、『近世畸人伝』が刊行されてから三十六年後であり、そこからの引用があるかもしれない。しかし、「竹ケ鼻」を除いて両書の内容は全く関連のない事柄が書かれており、「竹ケ鼻」だけを『近世畸人伝』から引用したとするのは不自然に思われる。もし木札が独自に書かれたものであるならば、「竹ケ鼻」のもつ意味は極めて大きい。

名古屋市中川区・荒子観音寺の十八世・全精法印著『淨海雑記』（文久三年頃成立・一八六三）には「……全栄法印所撰小傳云……圓空上人姓ハ藤原氏ハ加藤西濃安八郡中村之産也……天保十五年甲辰夏五月　淨海山現住法印権大僧都全栄謹撰……」（天保十五年・一八四四）と「西濃安八郡中村」出生説が書かれている。『淨海雑記』中には『近世畸人伝』（僧円空附俊乗）が書き写されていて、「竹が鼻」をなぜ「西濃安八郡中村」（岐阜県安八郡安八町中）としたのかは、著者の全栄法印が自ら調査をしたことも考えられ、「竹が鼻」より「安八郡中村」の方に信頼性があると思ったのだろう。もっとも「安八郡中村」には円空の痕跡は皆無であり、長良川を挟んでの東岸「中島郡中村」の誤記と思われる。このことは、同文中に「……後復帰リ二于故郷一ニ開基ス二精舎一宇一ヲ号二ス宇宝寺一ト……」とあり、「宇宝寺」は現在の岐阜県羽島市上中町中・中観音堂の以前の名称であり、「上中町中」はかつて「中島郡中村」であったことを考えればあきらかである。

尾張藩士桑山好之が天保・弘化（一八三〇〜四七）頃に書いた『金鱗九十九之塵』には「……生国は西美濃安八郡中村の住人、加藤与左衛門といへる人の孫なりとぞ……」と『淨海雑記』によく似た記事を載せている。情報交換があったかもしれないが、「加藤与左衛門」と具体名を挙げているのに興味が持たれる。因みに、中観音堂周辺には加藤姓が多い。いずれにせよ幕末のこの頃に、中観音堂周辺が円空の生地であるという所伝のあったことを窺わせる。

中観音堂の周辺には、円空の生家と称する民家が実に三軒もあり、円空産湯の井戸といわれるものさえある。そして、こうした伝承があることは、何よりも中観音堂と円空との深い繋がりを示している。一説に、円空は日陰者の身であり、中観音堂建立も隠密裡に行われたとされる（注1）。しかし、中観音堂周辺の民家にはかつてどの家にも円空仏が祀られており、円空が中観音堂及びその周辺に一再ならず歩を向けていることが遺されている像から実証され、中観音堂が現在に至るまで大切に護持されてきたこと等を考え合わせる時、円空は中観音堂建立に際して決して疎外されていたとは思えない。むしろ周辺住民との温かい交流と協力、更には円空への崇敬さえ感じさせる。

中観音堂に現存する円空像一六体の内、背面に埋め木がある像が、本尊十一面観音菩薩、阿弥陀如来及び不動明王の三体もある。仏像に像内納入品を入れるのは、一つには縁者供養の為ともされる。そうすると中観音堂にそうした像が三体も遺ることは、あるいは円空の縁者の供養とも思われ、それがいうところの円空の母親の供養ということに伸展していったのかもしれない。中観音堂と円空の母親との関連は、むしろ観音堂周辺が円空の生誕地という考えが先にあり、そこから派生して出てきたものと思っている。

円空の出生地を、岐阜県郡上市美並町とする説がある。その根拠は、円空が木地師出身であったということに基づいている。次項で詳しく述べるが、円空木地師説には与することはできない。「羽島出身説」がいずれも江戸時代の文献に基づいているのに対して、「美並町出身説」は、昭和五十五年（一九八〇）に出された説である（注2）。古ければよいという訳ではないが、江戸時代には円空彫刻が現代ほどに話題になっていたと思われず、円空の出生地が羽島市であろうと美並町であろうと、作者には特に関係がなかったはずであり、つくり話を書く必要は全くないからである。そういう状況の中で、羽島説が何ヶ所かに出てくるのはそれなりに信憑性があるように思われる。

美並町には、一三〇余体の円空仏が濃密に遺されている。おそらく、円空にとって深い縁のある地であり、何回も訪れているであろうし、円空研究にとって極めて重要な場所である。そうであっても、円空の出生地とすることには、根拠が乏しいといわざるを得ない。

そうすると先述の「竹が鼻」と中観音堂周辺の「中村」の関連が問題になる。一ついえることは、「中村」の伝承は、恐らく「中村」自身の地で育くまれてきたものであるのに対して「竹が鼻」は遠く離れた飛騨での伝承ということである。当所における当所自身の伝承には、幾許かの思惑が入ることも考えられるのに対し、遠い地での他所の地域に関する伝承にはその必要はない。そして遠隔地での伝承であってみれば、「竹が鼻」の発端は円空自身であった可能性も考えられなくもない。

「中村」と「竹が鼻」は近在であり、この辺りを代表するところとして「中村」をも含めて「竹が鼻」としているのであろうという意見もある。しかし、もし円空の生地が本来「中島郡中村」であったとしたならば、果たしてそれを含むということで「竹が鼻」という地名を挙げ得るだろうか。何故なら「中村」は当時「中島郡中村」であり、「竹が鼻」は「葉栗郡竹鼻村」であって郡も違っている。

「中村」の中観音堂と円空は、極めて深い結びつきがあり、そのことと、「竹が鼻」が近在であることの絡みから、「中村」出生説は醸成されていったものではないだろうか。中観音堂周辺に三ヶ所もの「生家」があることがそのことを示唆している。円空と中観音堂とは深い繋がりがあることはくり返し述べた通りだが、そのことによってそこが生誕地だといえる訳ではない。それが生誕地説まで伸展していったのは、「竹が鼻」が近在だったということがあり、それ故に逆に「竹が鼻」が生誕地としての光彩を放つことにもなる。

円空の出生地と目される幾つかの地を検証していくと、「竹が鼻」を、現時点で円空の生誕地とするのが最も妥当ではないかと思われる。

（『円空研究15』一九九二年九月）

円空木地師説

円空木地師説の始源と展開

円空の木地師出身説が最初に出されたのは、昭和五十五年に東京と大阪で開催された「野生の芸術　円空展」の図録に書かれた五来重氏の論文においてである。すなわち、茨城県笠間市笠間・月崇寺の観音背面中央に書かれる「御木地土作大明神」を「……この背銘は現地では「木地土作（つちつくる）」と読まれていたとのことであるが、「土」は「士」のあやまりで、「木地師」の宛字と断定してよい。そして、「御」は「木地士作大明神」全体の敬語であり、「大明神」は木地師の守護神「大皇大明神」のことであろう。とすれば円空がこのとき木地師の自覚をもっていたことは間違いあるまい……」（注3）と論述されている。

この「円空木地師」説は、昭和五十九年に発行された『美並村史』にそのまま引き継がれて「円空は木地師の出身である」と載っており、「……本村には寛文のはじめころより、円空をはじめとする木地人形師集団があり、粥川寺を中心とする修験集団に属し、造像活動を行っていたことがわかっている。……」（注4）と円空は「木地人形師」であった、という新たな説が繰り広げられようになった。

さらに当時の美並村（郡上市美並町）からは、昭和六十年に『円空と美並村』、平成元年（一九八九）に『美並村の円空仏』、平成十五年には『岐阜県美並村が語る 円空の原像』が刊行されているが、いずれも「円空木地師説」が述べられている。その後、「円空木地師説」は、広汎に流布され、各書に記されるようになっていった。

「木地土作大明神」

平成二十九年八月一日に発行された『トランヴェール』は、東日本鉄道株式会社が新幹線乗客に配布している冊子であるが、「北国の円空」を特集している。その冒頭に「円空は寛永9（1632）年、美濃国（現在の岐阜県）に生まれ、はじめは※木地師（きじし）をしていたという。……」（※ろくろを用いて、椀などの木工品を加工する職人）と書かれている。又、平成二十七年四月九日に発行された『アートライブラリー』16（公益社団法人　日本彫刻会）の「木彫仏の生涯」（本間紀男）の記事中に「……円空は美濃国に木地師の子として寛永九年（一六三二）に生まれる……」と載っている。

筆者は今まで何度も「円空木地師説」を疑問視する文章を書いている（注5）。しかしながら現在でも「円空木地師説」の共鳴者は少なからずいる。筆者の力不足といえばそれまでだが、この機会に、新知見も含め再度論じておきたい。

筆者が、「円空木地師」説に疑問を感じるのは、この説の発端となった笠間市笠間・月崇寺の観音背銘の中央に書かれる「御木地土作大明神」の解釈からである。

この背銘を五来氏は「木地師が（大皇）大明神を作る」という文章として解されている。しかしながら、円空像の背面中央には原則尊名が書かれており、文章を書く例はない。又、「御」を文章全体の敬称とされているが、文章に「御」をつけることは通常ではないことである。普通に読めば「御」は次の「木地」という名詞にかかる。「土」を「士」と間違えたとするのは、自らの解釈に都合の良い強弁と思える。「木地土」を「木地師」と読み、円空のこととするには、自分に「御」をつけることにもなり、「士」の強弁と合わせて容認できない。さらに、

「大明神」は普通名詞であって、背銘に「大明神」とだけ書かれた円空像はない。このことは背銘に単に「如来」「菩薩」という普通名詞だけが書かれた像がないことを考えれば明白である。

「大明神」を、木地師の祖である「大皇（おおきみ）大明神」とするのも強引な解釈である。円空像五四〇〇体余の背銘に「大皇大明神」と書かれた像はない。一七〇〇首余の円空歌集中にも「大皇大明神」を詠んだ歌は一首もない。円空再興の弥勒寺に遺されている円空自筆の文書の内、円空が毎日唱えたであろう日本の神々四十柱の中にも「大皇大明神」の神名は見当たらない。従って、「大明神」とあるだけで、「大皇大明神」とするほどに、円空が「大皇大明神」を崇拝していたとは考えられない。

「御木地土作大明神」の「大明神」は、「土作」とあわせて「土作大明神」という固有名詞と思われる。「土作大明神」は聞きなれない神名であるが、円空仏中には「千面菩薩」「未来地蔵」「人道地蔵」等、背銘に円空独自の尊名が書かれた像もあり、円空の命名とも考えられる。「土作大明神」は、生産か豊穣のための神名か、あるいは当地は後に笠間焼を産む焼き物の産地であり、それに関した神名なのかもしれない。

次に「御木地」であるが、関市池尻・白山神社蔵の神像背銘に「御本地聖観音」という墨書があり「御木地」は「御本地」ではないかという御教示を長谷川公茂氏より得た。

北海道釧路市・厳島神社蔵の観音、同松前町白神・三社神社及び同茅部郡森町・内浦神社の観音背銘中には「本地」の文字がある。さらに、岐阜県飛騨市神岡町・光円寺の阿弥陀には「御本地阿弥陀」、岐阜県高山市丹生川町・荒城川神社の像にも「本地聖観音」の背面墨書がある。荒城川神社の像は「木地」のようにも見える。勿論その下には、「土」も「士」も「師」も書かれていない。こうした例から「御木地」は「御本地」のことと考えられる。

「御木地土作大明神」の像容は観世音菩薩であり、背銘中に「観世音菩薩」の墨書もある。従って、神「土作大明神」と仏「観世音菩薩」の本地関係を現わしている背銘と考えられる。

「円空木地師出身」から派生して、『美並村史』には、寛文三年（一六六三）までの円空は「木地人形師」であった、と書かれているが、「木地人形師」という存在自体、筆者は確信できないでいる。「木地師」は「ろくろ師」ともいわれるように、本来ろくろを使って加工する人々であって、彫刻を主体とする神仏像とは、基本的に制作方法が異なっている。神仏像制作に際して依頼者は、「木地師」よりもそのことを生業としている「仏師」に頼むと思う。現存する神仏像は「仏師」作が圧倒的に多数を占めているし、円空のような宗教者によって造像されている例も少なくない。

以上述べてきた諸点から、「御木地土作大明神」を「木地師」に結びつけられない。またそこから円空が「木地人形師」であったと飛躍することは無理である。

「木地屋」と「木地師」

木地師の根源の地である近江国小椋の里（現・滋賀県東近江市蛭谷町、同君ケ畑町）において、木地師に国中往来と伐木の自由を許可する「木地屋文書」を出していたのは、筒井公文所（蛭谷）と高松御所（君ケ畑）であった。筒井公文所は筒井八幡宮（現・筒井神社）の神主と帰雲庵住職が、高松御所は金龍寺の住職と大皇明神（現・大皇器地祖神社）の神主が司っていた。両所は「木地屋文書」を出すかわりに、「氏子狩」と称し、各地の木地師を歴訪して金銭を徴収した。こうした廻国・集金の記録が、蛭谷の「氏子駈帳」と君ケ畑の「氏子狩帳」である。

「氏子駈帳」と「氏子狩帳」に出る名称に注目して、「円空木地師説」に疑問を投じられたのは岡田正巳氏である。「……蛭谷氏子狩帳の最初の簿冊番号「1」は正保四年（西暦一六四七）、君ヶ畑氏子狩帳の簿冊番号「1」は元禄七年（一六九四）で、いずれもキジヤと呼称され、引き続き、簿冊番号「2」以降もキジヤと呼称されています……。次に、キジヤと並んでキジシが初めて呼称されるのは、蛭谷氏子狩帳では元文五年（一七四〇）、君ヶ畑氏子狩帳では延享二年（一七四五）であります……。したがって、円空が笠間を巡錫したころは、すべてキジヤと呼称されており、キジシの呼称は円空が入定して約五十年後に始まることになります。……」（注6）

「氏子駈帳」「氏子狩帳」によれば、「木地師」の名称が使われるのは、円空没後五十年も過ぎてからであり、一般に使われていない「木地師」を円空だけが使っているとは考えられない。

『美並村史』を主導し、その後諸本に「円空木地師」説を主張されている池田勇次氏の著書『山に生きる木地師』（惜水社　二〇一二）に、「木地師たちの中には「木地屋」という呼称を蔑視として受け止めている。」との理由で「木地師」と呼称すると述べられている。ただ、同書本文中に採り上げられている諸資料は、「郡上市八幡町・慈恩寺の過去帳　寛延三年（一七五〇）木地屋与平、宝暦元年（一七五一）木地屋右兵衛父、同木地屋与平子、浅衛門事」（110頁）、「秋仕入金子借用質入証文之事　木地屋精左衛門」（132頁）、「栃木売渡候証文之事　文化八未年（一八一一）木地屋　民右衛門殿」（152頁）等ほとんどが「木地屋」であり、「木地師」は、「（筒井公文所への訴状に）　嘉永三年（一八五〇）木地師中」（155頁）と一ヶ所出るのみである。池田氏自身が書かれている中からも、「円空木地師」説は浮かび上がってこない。

（『ガンダーラ会報』65号　二〇一六年四月）

第二節　出家

資料・文献に載る円空の出家

円空の出家について、『近世畸人伝』は「……稚きより出家し、某の寺にありしが、廿三にて遁れ出……」と記すのみである。

『淨海雜記』には「……幼時帰於台門為僧及稍長就我尾高田精舎某禀胎金兩部密法……」と幼い時に天台宗に入り、少し成長してから高田寺（愛知県北名古屋市高田寺）で胎金両部の密法を学んだと書かれている。

『金鱗九十九之塵』は、「……かの円空は、最初禅門たりしが、……円空猶も仏道を修行せんとて、師匠に暇を乞ひ、それより天台宗の高田寺へ入られけるよし…」と『淨海雜記』と同じ高田寺の名前を出す。「最初禅門たりしが」と興味ある記事を載せるが、それを実証する他の資料はない。

岐阜県羽島市上中町・徳仁寺の過去帳に「浄円法弟円空」とある。徳仁寺は中観音堂の近くにある真宗の寺であり、このことが円空の真宗出家説の基になっている。明治五年（一八七二）発行の『真宗東派本末一派寺院明細帳　拾五冊之内十』（岐阜県立図書館所蔵）には「……一　徳仁寺末　美濃國中嶋郡中村　卯寶寺　寛文年中本寺徳仁寺第八世淨圓法弟圓空創建……」とあり、この文言に従えば、円空は真宗の徳仁寺出身ということになる。ただ、中観音堂は明治の初めに徳仁寺の末寺になっていたことがあり、或いはそれに関連しての縁起なのかもしれない。

岐阜県郡上市美並町・粥川寺が円空出家の寺だとする説もある。これは先述の貫前神社旧蔵の大般若経断簡に書かれている「十八年中動法輪」から、円空の出家は十八年前であり、そのころ円空がいた美並町に視点をあてた説である(注7)。しかし、釈迦でさえ出家(二九歳)してから最初の布教である初転法輪(三五歳)まで六年の歳月を要しており、出家してすぐに動法輪(布教)ということはなく、この説は否定されるべきであるという論が出されており(注8)、筆者も同意見である。

天台宗、禅宗、真宗と種々の宗派が出るが、それだけ円空の出家については不確かということであり、円空が何歳の時に何処で出家したかを確定することはできない。

円空の母親洪水死説

「母親洪水死説」の始源

「予母の命に代る袈裟なれや法の形は万代へん」という円空の歌があり、円空の出家の動機が母親の死であったことがわかる。そしてこの歌は、母親の死が尋常のものではなかったかもしれないという推測をさせる。これがさらに展開し、円空の母親は洪水で溺れ死んだと言われるようになり、半ば通説化さえしている。

本説は、昭和四十七年(一九七二)に谷口順三氏が「……彼の母が無縁仏となっている今日、その死因を想定することは非礼であるが、大胆率直に推定すれば、彼の母は、前記慶安三年の「ヤロカ水」の際、溺死したのではないだろうか。……」(注9)と書かれたのを端緒とする。「ヤロカ水」というのは何日も続く大雨のことである。この論は多分にドラマ性を内包しており、その後テレビや演劇の中にも採り入れられ拡がりを見せていった。

「母親洪水死説」に対して最初に疑問を出されたのは、青山玄氏で「……円空の母がいつ死んだのか、果して洪水で死んだのか、円空がいつ寺に入ったのかなどは、何も分かっておらず、……実証性に欠ける想像では、誠に心許ない感じがする。……」(注10)と批判をされている。

「母親洪水死説」の展開

その後「母親洪水死説」は、新たな展開をみせる。長谷川公茂氏は「……いままでの研究では、慶安三年(一六五〇)のヤロカ水で母を失ったのではないかといわれているが、慶安三年の死だったとすると、円空はその時十九歳の青年で『近世畸人伝』などにいう、「幼にして出家」とはならない。そこで著者は円空の生まれた寛永九年(一六三二)以降、美濃国の災害を調べてみた。すると寛永十五年に西濃地方に洪水があったことを『羽島市史』などによって知った。寛永十五年は、円空七歳でこの年母を亡くしたとするならば、「幼にして」が納得できる。……又、母の鎮魂のために造顕したと伝える上中町中観音堂の十一面観音、像容作風などから、寛文十一年(一六七一)頃の作といわれているが、この年、母の三十三回忌に当たり、伝説通り円空は、母の供養のために二二二㎝もの大作十一面観音を彫り、像の右乳房あたりの背面にタテ一〇・三㎝×ヨコ九・八㎝の刳りぬきを彫って、自らが刻んだ供養塔の五輪塔に舎利を入れて、この十一面観音の胎内に納め密閉したのである……」（注11）とされている。

本説は様々な反響を呼び、その後諸本に書かれるようになっていった。

この説に対して池田勇次氏は、「……はっきりした資料もなく推定だけで、円空の母を「水死させる」に至っては、一人の人間に対して冒瀆行為といわねばならないであろう。……」（注12）という手厳しい批判を出されている。

また、後藤英夫氏は、「母の三十三回忌」説について「……円空の母がその時（寛永十五年の洪水　筆者注）非業の死をとげたという伝承があるとは私は寡聞にして知りません。……この像（羽島市中観音堂の十一面観音　筆者注）は、寛文十一年頃の作風、像容であるといわれているが、と何んか曰くのありげな表現をし、この年は母の三十三回忌に当ると指摘しておられます。……寛文十一年なら確かに三十三回忌です。でも当年の作と誰が主張しているのですか。……私は長谷川さんの説以外には全然知りません。……、少なくとも寛文十一年ではないと自信を持っています。……」（注13）と疑問を出されている。

「母親洪水死説」は虚構

円空の「母親洪水死説」が最初に出された昭和四十七年以前の、昭和三十三年に地元の羽島市教育委員会が発行した『円空上人傳』は、「円空上人の逸話傳説」として九話を載せるが、その中に母親のことは出てこない。また、昭和三十六年に出版された『円空の彫刻』（土屋常義　造形社）には、「逸話伝説」として、十五の項目を紹介しているが、その中にも母親に関する話題は載っていない。

以上を鑑みれば、谷口順三氏が「大胆率直に推定」をされる以前には、羽島市を初めとして、どこにも円空の「母親洪水死説」はなかったと考えざるを得ない。

繰り返しになるが、「大胆率直に推定すれば」とされているように、あくまで確固とした資料に基づいての論ではなく、推定を出発点としており、筆者は円空の「母親洪水死説」と、そこから派生した羽島市中観音堂・十一面観音造顕の「母親菩提のため」「母親三十三回忌」説を肯定することはできない。

『近世畸人伝』の「稚きより出家し」、又『淨海雜記』の「幼時帰台門」により、円空が幼い時に出家したであろうことは想定できる。ただ、それが「七歳の時であった」というのは首肯できない。その年に洪水があったとしても、それがストレートに母親の洪水死に結びつくわけではない。以上のことから、母親の洪水死は虚構にすぎないことがわかる。

円空の『血脈譜』

法相中宗血脈佛子

岐阜県関市池尻・弥勒寺には、円空の行動を知る為の貴重な文書類が何点か遺されている。年号の一番古いものが、「寛文十一年七月」（一六七一・四〇歳）の「法相中宗血脈佛子」（写真①）である。これは、法隆寺の巡堯から与えられたことになっているが、現存するものは円空の書いた写しのみである。しかもその中に「子多年求望之追而麁相之血脈書写与之」と添書きが付いている。正式な血脈にはこのようなことは書かないこと、

法相中宗血脈佛子

釈迦牟尼佛

弥勒　无着　世親　護法　戒賢　以上天竺
玄弉　恵沼　智周　智通　知鳳　以上外国
義渕　行基　良辯　良敏　行達　宣教　定昭
玄賓　賢憬　修圓　壽廣　明福　延賓　空晴
真喜　真奥　高榮　巡堯　圓空

子多年求望之追而麁相之血脈書写与之

是法

寛文十一辛亥七月十五　和州法隆寺巡堯春塘記
日

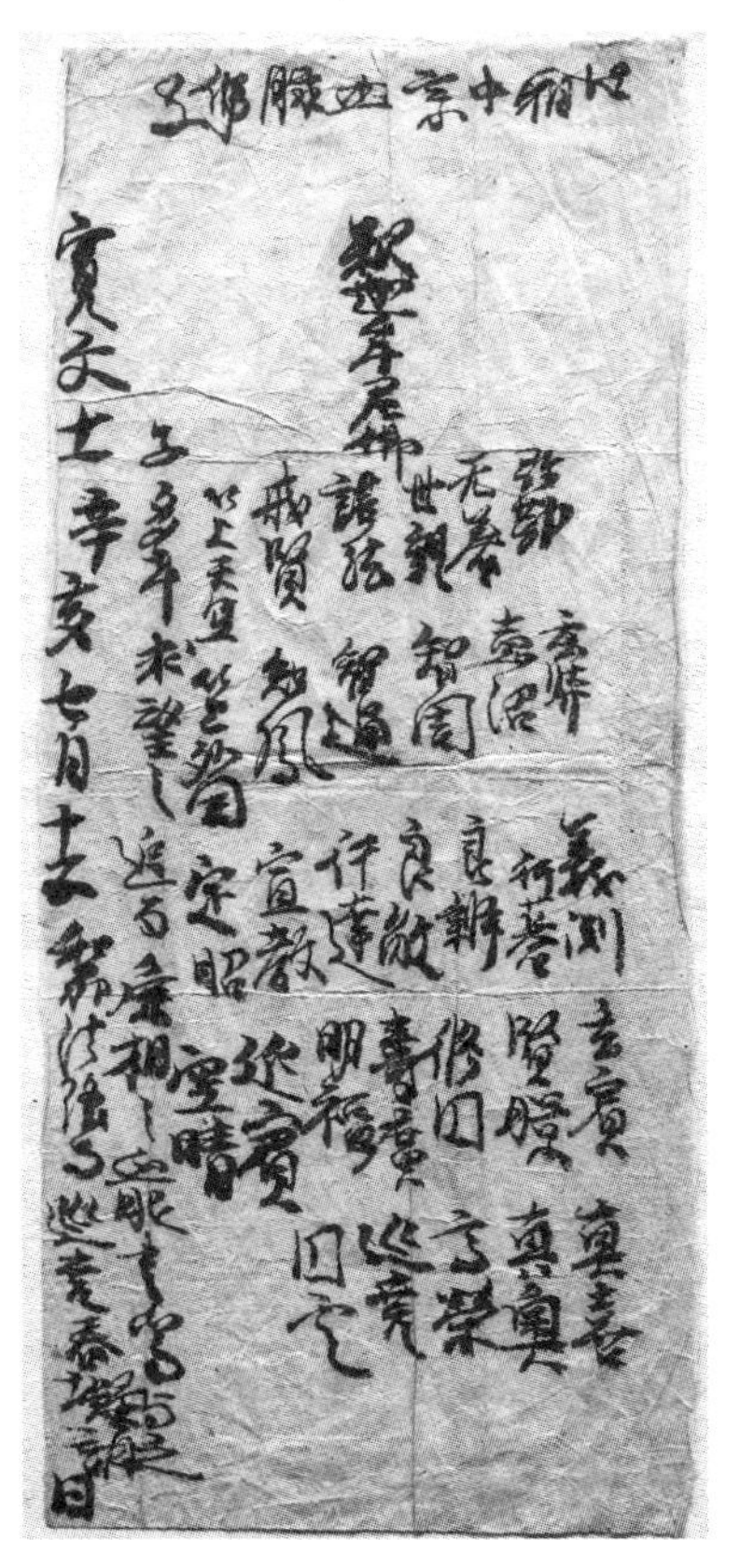

① 法相中宗血脈佛子
岐阜県関市池尻・弥勒寺

又これは写しであるが故に、円空の法相宗修学に疑問をはさむ向きもある。しかしながら、これはまさに「写し」なのであって、本来のものにはこの添書きはなく円空が書き加えたものだろう。「子多年求望之」という言外に（それ故に一生懸命に修学した）という意味合いを考えれば、この添書きは然程異な文言ではない。円空は、例えば正式な文書が遺されている「披召加末寺之事」（写真⑦・⑧）も書き写しているのであり、「法相中宗血脈佛子」も本来のものがあったと思われる。

この添書き中の「多年」という文言から、血脈に書かれる年号「寛文十一年七月」より数年前に、円空は法隆寺を訪れていたことを想定させる。平成十六年（二〇〇四）に、三重県から奈良県・法隆寺への街道筋に位置する三重県津市白山町・観音堂で新たに発見された極初期作の金剛界大日如来像が、この推定を補強する。

奈良県大和郡山市山田町・松尾寺の役行者像の背銘中に「法隆寺文殊院秀恵」「延寶三年乙卯七月於大峰圓空造之」があることがわかり、法隆寺と円空のさらに強い繋がりが確認できる。因みに「文殊院」は、寛政九年（一七九七）の「法隆寺子院配置推定図」（注14）によれば、「夢殿」の西に建ち並んでいた「堂衆坊」中の、「夢殿」の一番近い場所にある。「堂衆」は、法隆寺の正式な僧侶（学侶）に対して、修験者等の外部からの修行者のことをいう（注15）。

円空の一七〇〇首余の歌の中に、法隆寺を詠んだと思われる歌が四首ある。四首も詠んでいることは、円空と法隆寺の深い繋がりを感じさせる。

仏性常住金剛宝戒相承血脈

「延宝七年七月五日」（一六七九・円空四八歳）の日付のある「佛性常住金剛宝戒相承血脈」（写真②）は、

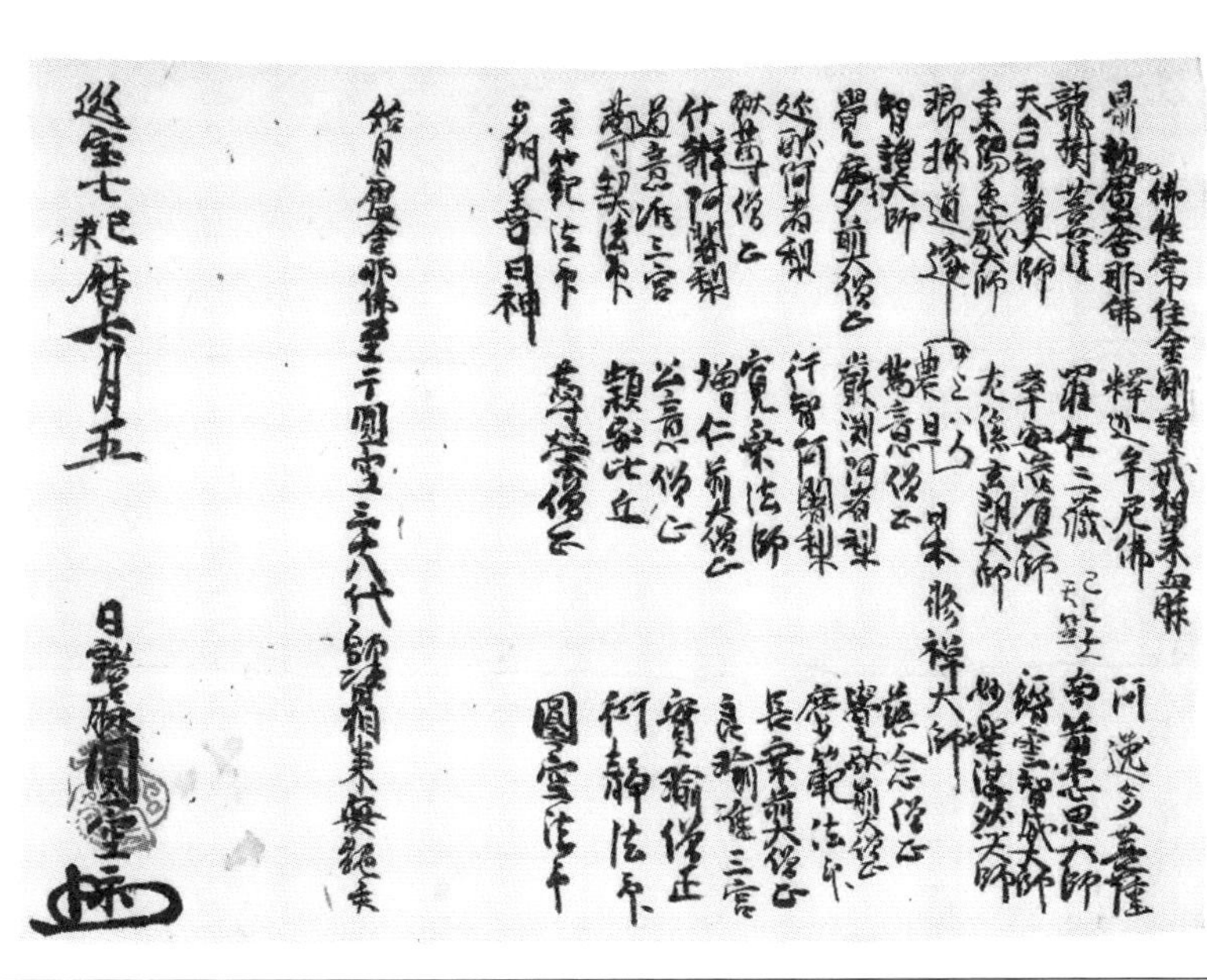

佛性常住金剛宝戒相承血脈

最初毗盧舎那佛　釋迦牟尼佛　阿逸多菩薩
龍樹菩薩　羅什三蔵天竺（已上五人）　南岳恵思大師
天台智者大師　章安灌頂大師　縉雲智威大師
東陽恵威大師　左渓玄朗大師　妙樂湛然大師
瑯瑘道邃――（震旦已上八人）　日本修禅大師
智證大師　茜意僧正　慈念僧正
覺慶前大僧正　厳渕阿者梨　覺猷前大僧正
延猷阿者梨　行智阿闍梨　慶範法印
猷尊僧正　寛乗法師　長乗前僧正
什辯阿闍梨　増仁前大僧正　良瑜准三宮
道意准三宮　公意僧正　實瑜僧正
尊契法印　頻安比丘　衍静法印
永範法印　尊榮僧正　圓空法印
多門善日神

始自盧舎那佛至于圓空三十八代師資相承無絶矣

延宝七己未暦七月五　日證脈圓空示（花押）

② 佛性常住金剛宝戒相承血脈　岐阜県関市池尻・弥勒寺

延宝七年に園城寺の尊栄大僧正から円空が受けた「血脈」を、円空が写したものというように考えられている。ところが、この血脈は最後に「證脈圓空示（花押）」とあり、これは円空が尊栄大僧正からもらった血脈ではなく、円空自身が出しているものということになる。

この系図は毗盧舎那佛、釈迦牟尼佛と続き尊榮僧正、圓空法師と連なっている。名前が書かれている順序は、先の「法相中宗血脈佛子」が横に並べられているのに対し、こちらは縦方向に連なっている。そしてこの血脈は、最後にもう一人「多門善日神」が書かれている。そうすれば、この血脈は「圓空」から「多門善日神」へ与えられたということである。

ただ、「多門善日神」というのは人名らしくない。円空が相承すべき相手はまだ決まっていないが、自身が相承した教えは絶えることなく誰かに受け継がれるであろうし、その誰かをとりあえず「多門善日神」としたとも考えられる。この血脈の添書に「始自盧舎那佛至于圓空三十八代師資相承無絶矣」とあることをみれば一層その感を強くする。因みに「圓空」は三十七代目の位置に書かれており、「多門善日神」が三十八代目にあたる。

ともあれ、この血脈譜で、円空は「佛性常住金剛宝戒相承血脈」を尊栄僧正から継承しており、それは少なくとも延宝七年以前であったことがわかる。

ところで、この「佛性常住金剛宝戒相承血脈」が、園城寺寺門派の僧侶として認知される正当な系譜によるものか、あるいは山伏が継承する血脈であるかについての論争がある。

五来重氏は、「……大峯修験道でもっとも重んずる神仙灌頂に名を連ねる山伏が、この血脈に多くふくまれていることである。すくなくとも「深山灌頂系譜」（『修験道章疏』第三巻所収）で見ると智証、延猷、長乗、増仁、良瑜、道意は、この灌頂の伝持者か阿闍梨である。……」（注16）と述べられ、円空が山伏として受けた

「血脈」である、とされている。

これに対して、谷口順三氏は「……山伏の戒だとすれば、円空相承の金剛宝戒の相承には、智証大師の後に本山派修験事実上の開祖増誉大僧正をはじめそれに続く聖護院系の山伏が名を列ねていなければならない筈だ、が、それがない。……」(注17)と寺門派僧侶の「血脈」である、と主張されている。

この血脈は、尊栄大僧正から円空に相承されているのであるが、尊栄は「被召加末寺之事」(写真⑦)では、「大僧正大阿闍梨大先達 尊榮」の肩書である。大僧正大阿闍梨(僧侶)、大先達(山伏)と、僧侶であり山伏でもあると名乗っている。

五来氏が「神仙灌頂に名を連ねる山伏」として名前をあげている「智証、延猷、長乗、増仁、良瑜、道意」が、同時に園城寺の僧侶であった可能性は強い。そういった意味で、筆者はここに出る「佛性常住金剛宝戒相承血脈」は、園城寺寺門派の血脈であると思う。

この血脈を受けて、円空は天台宗寺門派の正式な僧侶となった。勿論、山伏修験者としての活動をやめたわけではなく、資格を得て、一層の高見を目指していったことだろう。

授決集最秘師資相承血脈

「元禄二年八月九日」(一六八九・円空五八歳)の日付のある「授決集最秘師資相承血脈」(写真③)は、「大僧正尊榮」から「圓空」へ授与された「血脈」と思われ、「尊榮」の署名があり、朱印も押されている。しかしながら「授決集」を「尊榮」が書いたものとすると、「血脈譜」に「尊榮大僧正」と書かれていることに違和感がある。又、清水暢夫氏の御指摘でわかったことであるが、同じ日付で「尊榮」から出された「被召加末

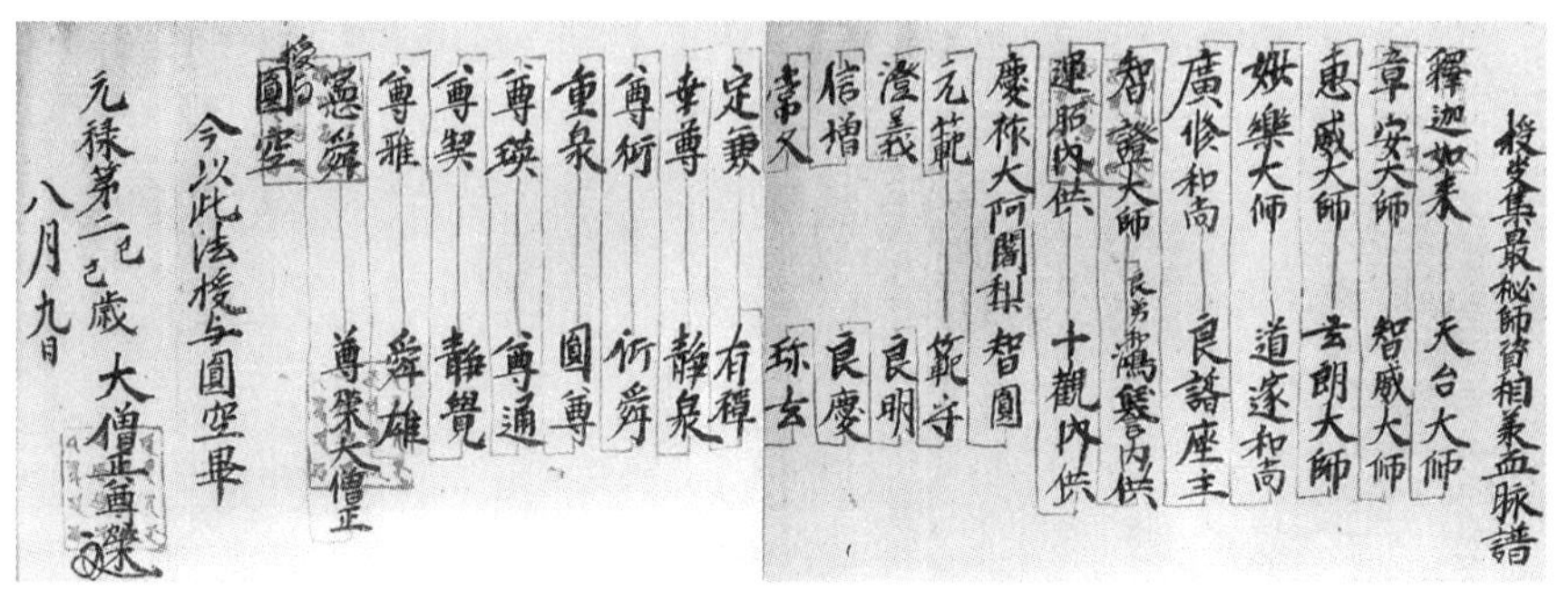

授決集最秘師資相承血脈譜

釋迦如来　天台大師
章安大師　智威大師
恵威大師　玄朗大師
妙樂大師　道邃和尚
廣修和尚　良諝座主
智證大師　良男和　鴻鑑内供
運昭内供　千観内供
慶祚大阿闍梨　智圓
元範　範守
澄義　良明
信増　良慶
常久　珎玄
定兼　有禪
幸尊　静泉
尊衍　衍舜
重泉　圓尊
尊瑛　尊通
尊契　静覚
尊雅　舜雄
憲舜　尊榮大僧正
授与　圓空

今以此法授与圓空畢

元禄第二己巳歳八月九日　大僧正尊榮

③　授決集最秘師資相承血脈　　岐阜県関市池尻・弥勒寺

④　授決集最秘師資相承血脈　　岐阜県関市池尻・弥勒寺

⑤　授決集最秘師資相承血脈　　岐阜県関市池尻・弥勒寺

寺之事」（写真⑦）とは、「尊榮」のところに押された朱印が全く違う。又、「花押」も違っている。「尊榮」の「尊」の字の上部が違っている。さらには、「元禄」の「禄」の字の書き方が違う。干支の「己巳」の書き方も異なっている。全く同じ日に「尊榮」によって書かれた両書がこれほどの違いがあることは大いに疑問である。清水氏は、「被召加末寺之事」は「尊榮」の自筆、「授決集最秘師資相承血脈」は他人筆と推定されている。ただ、「授決集最秘師資相承血脈」の四カ所に押されている角印が、「被召加末寺之事」の最初の部分にも押されているが理由はわからない。

この血脈譜は、写し（写真④）が書かれているが、これは円空の筆跡ではない。誰が何の為に写したのかは不明である。清水氏は（写真③）（写真④）（写真⑤）は、すべて同一人物、後述の円長が書いたものとされている。写真③に挙げた「授決集最秘師資相承血脈」と類似の、元禄八年七月十三日に、円空から円長へ授与されたという血脈譜（写真⑤）もある。この血脈譜は円空の名前で出されているが、円空の筆跡ではなく誰かの写しである。日付が元禄八年七月十三日となっているが、弥勒寺境内にある円空の墓碑銘は、元禄八年七月十五日である。たった二日の日付の差は、種々推測をさせる。

天台円頓菩薩戒師資相承血脈

正式な血脈譜ではないが、この他円空によって、弥勒寺に遺る「妙法蓮華経二」の経本裏側に種々書かれた覚書きの中に「天台円頓菩薩戒師資相承血脈譜」（写真⑥）がある。迦葉から始まり最後が円空になっており、その前は円盛となっている。円盛は、円空が荒子観音寺に留錫した当時の住職の名前であり、この血脈譜に従うならば円空は円盛から相承したことになる。しかしながら全くの覚書きであり、日付も入っておらず、いつ受けたのかも不明である。

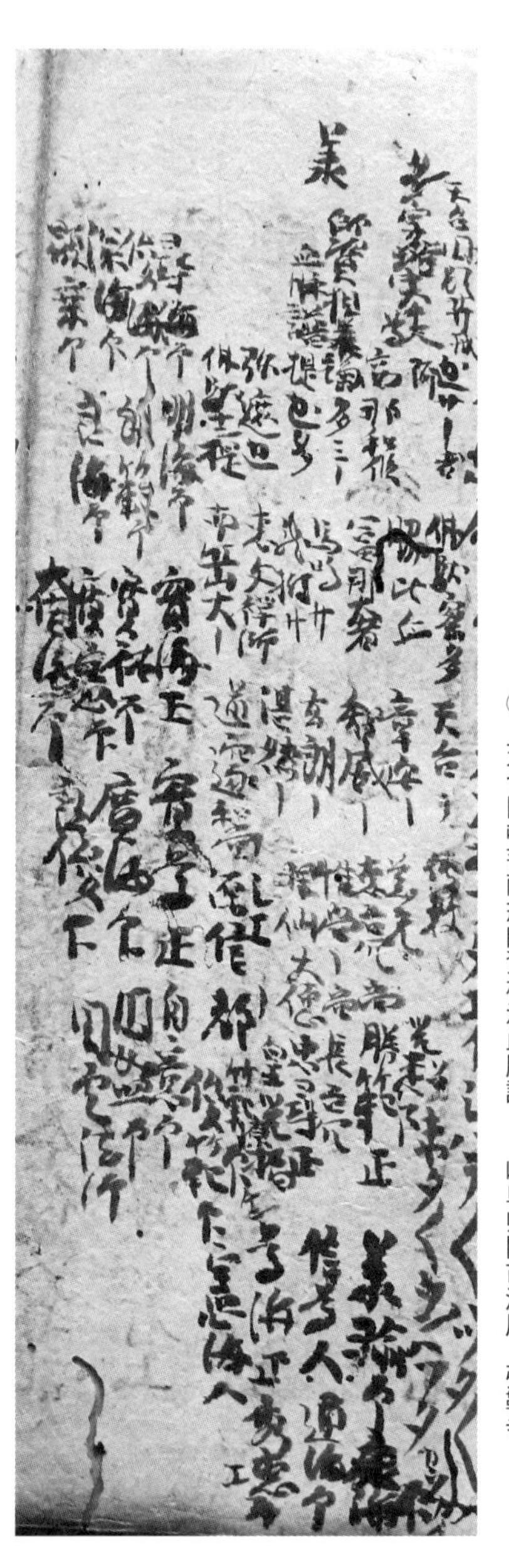

⑥　天台円頓菩薩戒師資相承血脈譜　岐阜県関市池尻・弥勒寺

披召加末寺之事

円空は「尊榮」から、元禄二年八月九日の日付で、弥勒寺を末寺にする、という「被召加末寺之事」（写真⑦）を授与されている。

先の血脈譜では単に「大僧正尊榮」とだけ記されていた「尊榮」の肩書きが「被召加末寺之事」の方では「寺門圓満院門流　霊鷲院兼日光院　大僧正大阿闍梨大先達　七十七歳尊榮（花押）印」となっている。霊鷲院も日光院も当時は園城寺内にあり、園城寺の法流はここに出る圓満院門流と聖護院流系に大別されるという。

円空が「尊榮」から延宝七年以前に「佛性常住金剛宝戒相承血脈」を受けている。両者には元禄二年まで十

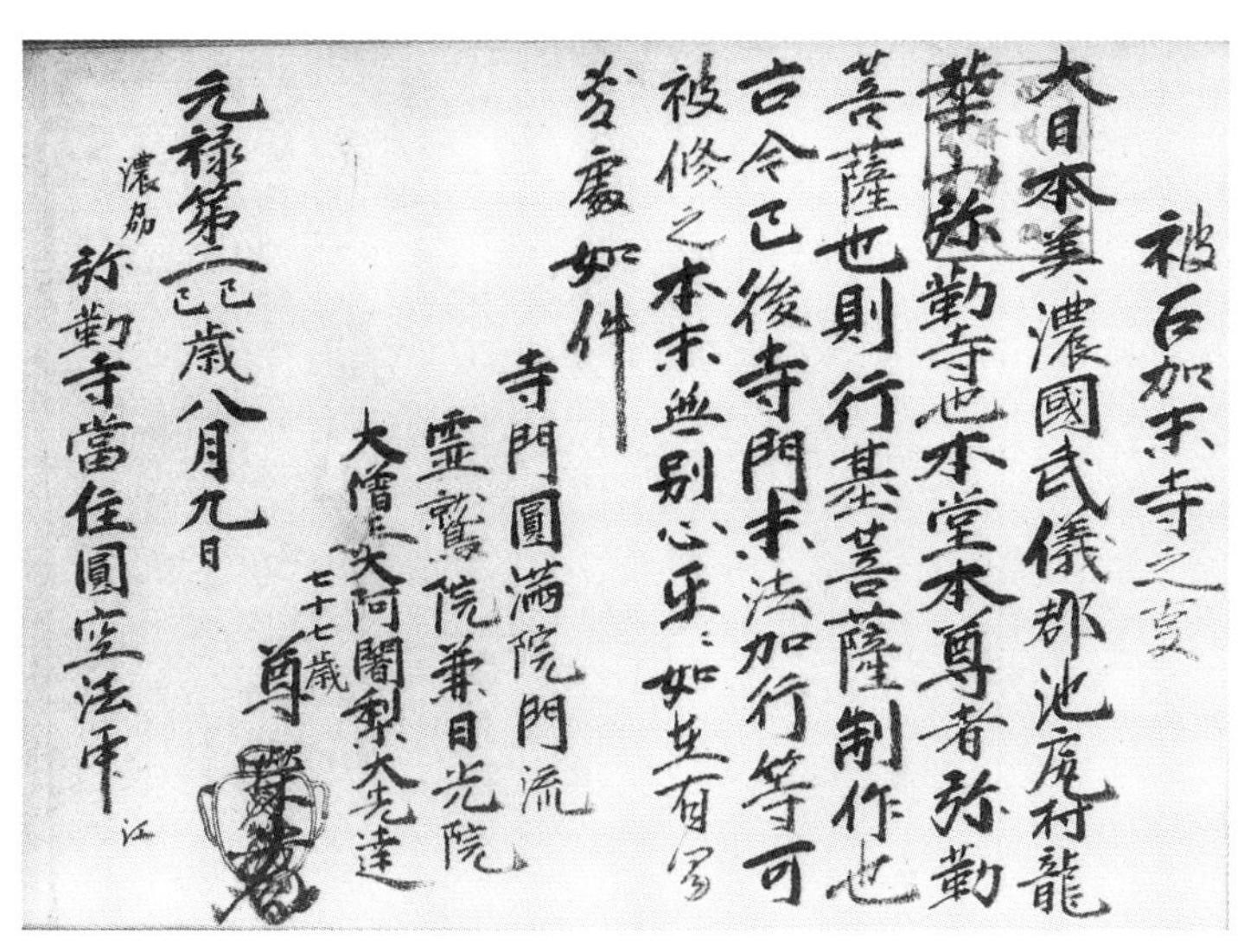
被召加末寺之事
大日本美濃國武儀郡池尻村龍
華山弥勒寺也本堂本尊者弥勒
菩薩也則行基菩薩制作也
自今已後寺門末法加行等可
被修之本末無別心樂々如在有冨
爲處如件
寺門圓満院門流
霊鷲院兼日光院
大僧正大阿闍梨大先達
七十七歳 尊榮
元禄第二己巳歳八月九日
濃州
弥勒寺當住圓空法師江

⑦　被召加末寺之事　　岐阜県関市池尻・弥勒寺

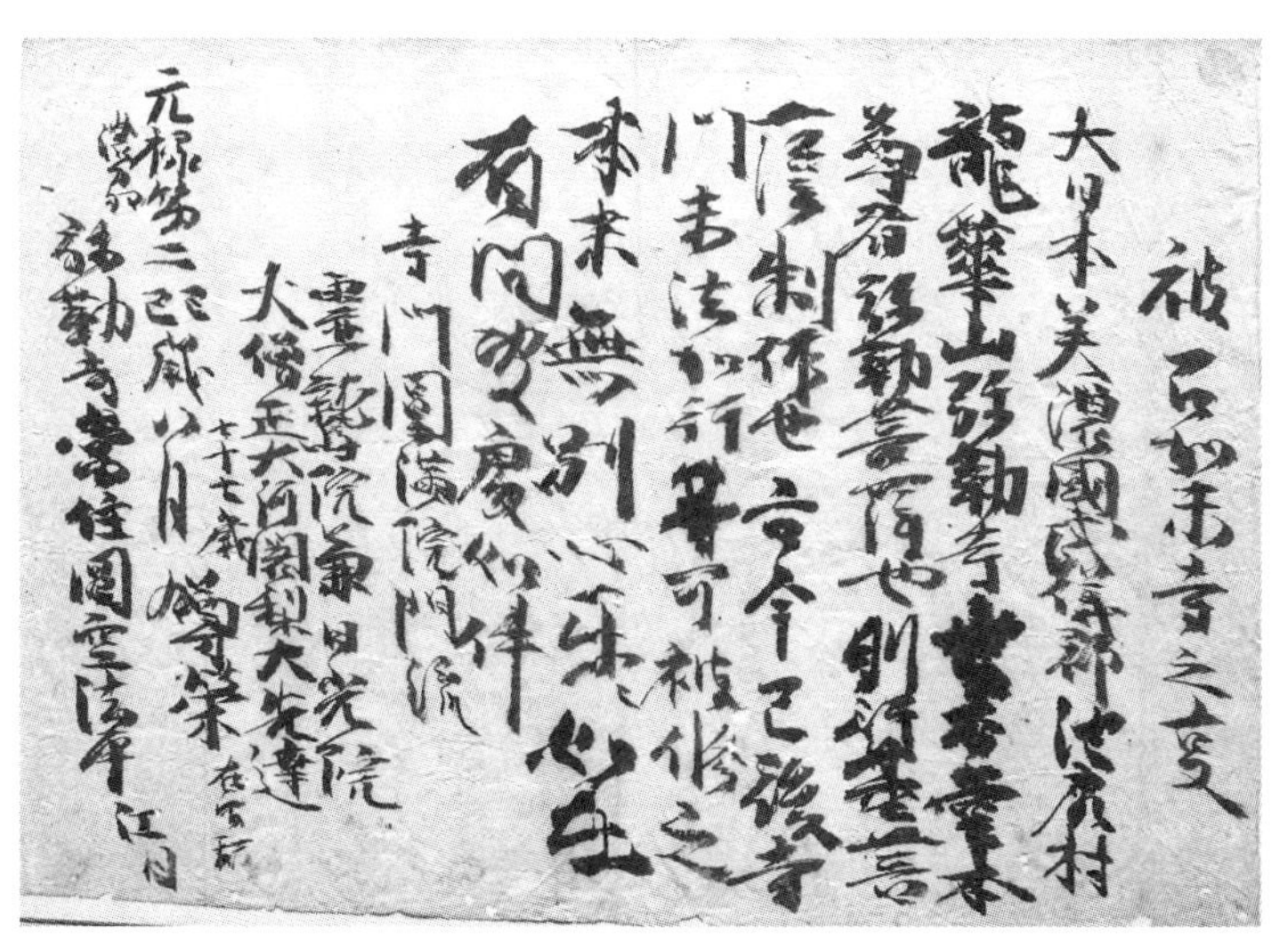
被召加末寺之事
大日本美濃國武儀郡池尻村
龍華山弥勒寺本堂本
尊者弥勒菩薩也則行基菩
薩制作也自今已後寺
門末法加行等可被修之
本末無別心樂々如
有冨處如件
寺門圓満院門流
霊鷲院兼日光院
大僧正大阿闍梨大先達
七十七歳 尊榮 在判
元禄第二己巳歳八月九日
濃州
弥勒寺當住圓空法師江

⑧　被召加末寺之事　　岐阜県関市池尻・弥勒寺（円空 筆）

数年間に亘る師弟関係があり、幾多の交流があったことが窺われる。

「被召加末寺之事」は、円空の書いた写しがある（写真⑧）。この文書のみ正式なものと円空の書いた写しが遺っていることから、両方の比較ができる。

円空は原文を忠実に写しており、「右写」の付け加えを除いて文言の違いはない。只、原本に記されている日付「元禄第二己巳歳八月九日」の部分は、円空の写しを見ると「……八月九」で切れていて「日」がない。ところがよく見ると随分下の方に「日」と書いてある。この日付の最後の「日」だけを離して書くのは先述した「法相中宗血脈佛子」も「佛性常住金剛宝戒相承血脈」もそうであり、何か意味を込めているのかも知れないが、これは円空の一つの書き方である。

「被召加末寺之事」に出てくる尊栄が、当時住職をしていた霊鷲院は、明治に取り壊しになり、日光院も昭和の初めに廃されたという。ところが日光院は、現在名古屋市天白区八事裏山に移転して存続しており今でも園城寺との関係は続いている。但し、円空についても尊栄に関しても資料は遺されておらず伝承の類もない。

元禄二年の二種の文書により、円空はそれなりの寺の住職になっていたことがわかる。円空五九歳の時である。それでも円空は巡錫をやめない。元禄三年銘の像がある高山市上宝町、同四年の下呂市金山町、同小川、高山市朝日町、同五年の高賀神社（関市洞戸）と、各地にそれ以後の年号のある像等を遺しており、円空がほとんど弥勒寺にいなかったことを証している。円空をそれ程までにかりたてていたものは一体何だったのだろう。巡錫と造像の中での衆生済度、各地への神仏像の奉納、それが円空にとって最大の生きる証しであったのだろうか。円空の生涯が、巡錫とそして造像・布教にあったことだけは確かなことである。

（『ガンダーラ会報』71号　二〇一七年一〇月）

高田寺修行

高田寺修行説

円空の生涯を考える上で、江戸時代に書かれた『浄海雑記』と『金鱗九十九之塵』に、円空が愛知県北名古屋市高田寺・高田寺で修行をしたと記されていることが注目される。

高田寺は、寺伝によれば奈良時代初期の養老二年（七二〇）創立という天台宗の古刹で、本尊は、平安前期作の薬師如来である。

『浄海雑記』は、名古屋市中川区荒子町・荒子観音寺の由緒、歴史から什器までを記した書で、四巻からなる。荒子観音寺十八世全精法印筆とされ、文久三年（一八六三）頃の成立である。この中に、同寺十七世全栄法印撰『円空小伝』が書き写されている。

「……圓空上人……幼時帰於台門為僧及稍長就我尾高田精舎某禀胎金兩部密法……天保十五年甲辰夏五月」。

天保十五年（一八四四）は、円空が元禄八年七月十五日に没してから百五十年経っている。

因みにこの『円空小伝』は、「今茲會一百五十　於是感上人之往事記上人之行状萬分之一以傳後矣」として書かれたものである。

円空の高田寺での修行について記すもう一書の『金鱗九十九之塵』は、尾張藩士桑山好之によって『円空小伝』と同時期の天保・弘化頃に書かれ、同書巻二十九の宮町・帆丸屋清左衛門家の項に次のように載っている。

「……此家に先祖より持伝へし、持仏の木像あり。彫刻は円空上人、……かの円空は、最初禅門たりしが、……円空猶も仏道を修行せんとて、師匠に暇を乞ひ、それより天台宗の高田寺へ入られけるよし……」。

『浄海雑記』は、「幼い時に天台宗の僧になり、少し長じて高田寺の某から胎蔵界・金剛界両部の密法を受けた」としており、円空が高田寺へ出向いたのは、文面からは若い頃のことであったととれる。

『金鱗九十九之塵』は、「最初禅門であった」とあるが、既述（20頁）の如くそれを裏づける資料は発見されていない。高田寺へは、禅門での修行の後に「猶も仏道を修行せんとて」入ったと記すだけで、何時のことであったのかは不明である。

『浄海雑記』『金鱗九十九之塵』両書共、円空が高田寺で修行したということを記すが、円空没後百五十年も経ってからの記載であり、記事の中には偉人化の拡大解釈がされている部分のあることは否めない。例えば『浄海雑記』に記されている「天皇から上人号及び錦繍の袈裟を賜ったこと」や、『金鱗九十九之塵』中の「天皇から円空という名前を授かった」という記述は、現在の常識からは考えられないことである。

しかしながら、個人の業績を天皇と結びつけて権威づけをするのは、当時の常套手段とも思え、現代の歴史観で非難するにはあたらない。それよりも、『浄海雑記』に「……帰于故郷開基精舎一宇號宇實寺後復遷于北濃武儀郡池尻村彌勒寺居……」とあり、『金鱗九十九之塵』には「……此中村に、円空上人開基の庵あり。是を今、宇宝寺と号。北美濃武儀郡池尻村弥勒寺の末派なり。……」と両書の中に出てくる具体的な名称「宇宝寺」と「弥勒寺」に注目したい。

「宇宝寺」は現在の羽島市中観音堂のことであり、「弥勒寺」は円空が中興開山である。両所共円空と深い結びつきのある場所であり、この両所と共に書かれている「高田寺」という具体的な名称が、何の根拠もなく書かれたとは考えられない。当時、円空が高田寺で修行をしたという何らかの所伝のあったことを思わせる。

円空の高田寺での修行時期を、円空が荒子観音寺を訪れた延宝四年より前を想定したい。高田寺と荒子観音寺は、同じ天台宗であり、江戸時代は共に春日井市にある密蔵院の末寺であった。円空は、高田寺で荒子観音寺のことを知り、荒子観音寺で高田寺の件を話し、それが『浄海雑記』の記事に連なっていったとも推定される。密蔵院にかつて円空仏が祀られていたことが、この推定の傍証になる。

高田寺と周辺の円空仏

高田寺には、現在四体の円空仏が蔵されている。うち一体は民家から遷座した像で、円空が各地の民家に多く遺す冨士山状の髪をした観音坐像である。他の三体（地蔵菩薩二体　護法神）は、地蔵の様式化された鰭状衣文、護法神の卓抜した形態と、三体の後頭部に[梵字]（ウ・最勝の）が書かれているということから、貞享以後の作像であると推定される。三体共小像であり、寺院本堂に祀られる為に彫られたとは考えにくい。高田寺の境内あるいは周辺の小祠堂等に安置されていたと思われる。隣接する白山神社内であったかもしれない。

高田寺のある北名古屋市には、現在二十八ヶ所三六体（他所へ移座した像を含む）の円空仏が確認される。この数は、愛知県内で最も濃密に円空仏が存在していることを示している。

北名古屋市の円空仏の中に寛文後期作と考えられる像がある。高田寺に程近い北名古屋市鹿田の院田薬師堂に安置されている秋葉神の背面には刳貫埋木がある。埋木のある円空仏は一四体あり、いずれの像も寛文九年から延宝二年の間に位置づけられる。この秋葉神も、やゝ堅い形態と合せて寛文後期作が推定される。同じ鹿田の個人宅の観音像は、耳朶が肩にまで垂れ、裳懸座の長い像である。これは、円空作像中寛文後期にのみ見られる形式である。鹿田の二体の像は、円空が寛文後期に高田寺周辺を巡錫していたことを物語っており、その頃に円空が高田寺で修行したことも考えられる。

やはり高田寺の近くである北名古屋市六ツ師の牟都志神社に祀られている愛宕神は、強い彫りと面の構成で作られている像で、様式的には延宝四年頃と考えられる。牟都志神社のすぐ近くにある個人宅の観音像の背面には、後頭部の𑖄（ウ・最勝の）と共に、𑖀（ア・胎蔵界大日如来）、𑖪𑖽（バン・金剛界大日如来）、𑖮𑖳𑖽（ウーン・蘇悉地 両尊合一）の三種子が見られ、背銘と様式的観点から延宝中期作と考えられる。

先述の鹿田地区の仁昌寺に安置されている観音像背銘には、𑖄（ウ・最勝の）と胎蔵界大日如来三種真言（𑖀𑖪𑖽𑖨𑖽𑖮𑖽𑖏𑖽 アバンランカンケン 胎蔵界大日如来法身真言）（𑖀𑖪𑖰𑖨𑖮𑖳𑖽𑖏𑖽 アビラウンケン 胎蔵界大日如来報身真言）（𑖀𑖨𑖢𑖓𑖡 アラハシャナウ）（胎蔵界大日如来応身真言）（円空が書く（胎蔵界大日如来応身真言）は、𑖢（ハ）が𑖪（バ）に、𑖡（ナゥ）が𑖎（キャ）になっている。）が見られ、この組み合わせの背銘梵字は後期の貞享、元禄時代に位置付けられる。

円空は高田寺周辺に何度も巡錫の歩を向けていたことがわかり、円空と高田寺との深い関係を思わせる。

円長

高田寺と円空の関係を窺わせるものの一つに「円長」という名前がある。享保年間に行われた薬師堂修理時の住職が「円長」であったことが、高田寺にある『北西化粧隅木下端墨書』に書かれている「仏力万々歳後々百歳之待修覆　享保十三（一七二八）年戊申二月八己丑日高田寺現住寂照院円長性見代修覆敬白」によってわかる。

円空中興の関市池尻・弥勒寺に残る文書類の中に、円空が元禄八年七月十三日に、弟子の「円長」に授与した『授決集最秘師資相承血脈譜』の写しがある。高田寺・弥勒寺両方の資料に「円長」の名前があり、年月も近接している。この「円長」が、もし同一人物とすれば、高田寺と円空の関係はさらに密接なものになる。

木食円空説

「木食円空説」の始源

円空は「木食戒」を享けた木食行者であるという説を、最初に論述されたのは五来重氏である。「……近世ではこの遊行者の誓願は木食戒とよばれた。木食戒は……その人の生涯を変える修行の全体を指している。……木食戒を受けても木食行者を名のるものも名のらないものもあった。円空はとくにこれを名のらなかったが「平等岩僧」には木食をふくめて、窟籠り、行道、捨身をおこなったことをしめす名誉ある称号である。円空が到るところで窟に籠るのも木食戒の誓願があったため……」(注18)とされている。

五来氏によれば、円空を含む近世遊行者の誓願は「木食戒」といわれ、円空の生涯は、「木食戒」に沿ったものだということである。五来氏は以前「……私はこれが廻国のはじめからの心願であったとは思わない。人間の運命はそんなに予定され、計算されてうごくものではない。一人の師、一人の友、一人の女、一冊の書、一枚の画にめぐりあっただけでも、大きくうごき、飛躍するのだ。これをはじめからこうする予定だったなどというのは、老人の見得と空威張りにすぎない……」(注19)と論じられていた。筆者は当時(昭和四十一年)この説に大いに共感していた。ところが十四年後の昭和五十五年に出された真逆の「木食戒」による決められた行動という説には、首を傾げざるを得ない。

池田勇次氏も、五来氏とほぼ同じ内容で「木食円空説」を論じられている。「……近世の遊行者の間には、人に語らない誓願があり、それが木食戒といわれるものであった……遊行者の実践がその人の木食戒の誓願であるということができるのである。……」（注20）と遊行者の実践が「木食戒」である、と結論付けられている。

「木食円空」の彩色画

昭和四十四年に、埼玉県から「円空」「木食円空」「回国円空」等の署名のある多数の彩色画が発見され、大きな話題を呼んだことがあった。それらの絵画を集めて、武者小路実篤、平櫛田中、沢田政廣氏らの著名人によって巻頭言が書かれたオールカラーによる豪華本も出された（注21）。又、特集を組んだ雑誌もあった（注22）。しかしながら、真贋論争がおこり、結局作者が名乗り出たという、昭和四十八年十月十九日付の毎日新聞のスクープによって、現代作であることがわかった。

それから四十数年がたち、円空の彩色画騒動を筆者自身も忘れかけていたところ、平成二十六年に京都市内で「木食円空」と書かれた彩色画が現れた。

今回出現した彩色画七点は、以前発表された諸本の中に収められていない。しかし、画の描き方、独特の字体からすれば、明白に同じ作者である。そうすると、未知の「円空」と書かれた彩色画は、まだかなりの数があることも予想される。

実は円空に関して「木食円空」と書かれている例は、この彩色画以外にはない。円空仏の背面は勿論のこと、一七〇〇首余の和歌、一八八枚の大般若経見返絵の中にも見当らない。円空再興の関市池尻・弥勒寺、郡上市美並町・星宮神社に残る多数の円空文書の中にも出てこない。

木食行道

木食戒の説明に、五来氏は「……行道はすこし口が軽くて「十大願」などという大きな誓約を書いてしまっている。十大願は木食戒の一部をなすものと、私はかんがえている。……」（注23）。

池田氏は「……木喰行道の研究が進み、その書き残した資料や行動等から、木食戒の内容についての手がかりが得られるようになった。……」（注24）と両氏共に「（木喰）行道」の資料を基にされている。

因みに、通常使われる木喰仏作者としての「木喰」は、生涯に三度名前を変えている。「木食行道」、「木食（喰との併用）五行菩薩」、「木喰明満仙人」であり、口偏のある「木喰」と「行道」を組み合わせて「木喰行道」と名乗ったことはない。以下本論では、固有名詞として「木喰」を使用していく。

木喰の願

五来、池田両氏が、「木食戒」としている木喰（享保三年〜文化七年・一八一〇）の願が最初に書かれているのは、「利剣六字名号」（寛政三年八月三日　六四才）（宮崎県日向市平岩・平岩地蔵尊）内においてである。尚、木喰は年齢を表すのには「才」を使い、「歳」は「年」の意味で使っている。以下木喰の用字に従う。

「佛法ハ　ヨキモアシキモ　ヘダテナク　ハガホンクハンニ　モラスノハナシ　　年　六十四才」とあり、木喰の最初の願は、善人も悪人もすべての人を救う、という親鸞の「悪人正機説」を思わせる、宗教家として当然の願をたてている。

木喰は、山口県美祢郡秋芳町・観音堂「毘沙門天 背銘」（寛政九年閏七月廿日）には「心願日本千躰ノ内」と書き、初めて神仏像千躰造像の願をたてる。

次に木喰は、鳥取県東伯郡湯梨浜町石脇・観音堂の木札（寛政十年七月三日）に、願を増やして、「日本廻国八宗一見之行者　六大願の内本願として　佛を佛師国々因縁ある所にこれをほどこす 皆日本千躰の内なり」と六大願と書いている。

さらに願は増えて、自筆の『四国堂心願鏡』（享和二年・一八〇二　八五才）（山梨県南巨摩郡身延町・木喰微笑館 寄託）には十大願を書く。「一日本順國八宗一見之行者拾大願の内本願として佛を佛師國々因縁ある所にこれをほどこすみな日本千躰の内なり」とある。

木喰の願は、十八大願にまでに増える。「奉納額」（享和四年　八七才）（新潟県長岡市上前島町・個人）には「日本廻国八宗一見之行者　拾八大願の内本願として佛を佛師国々因縁ある所にこれをほどこす　皆日本千躰の内なり」とある。

以上述べてきたように、木喰は年を重ねるごとに願を増やしている。心身のその逞しさに驚嘆するが、願の詳しい内容については、「本願として佛を佛師国々因縁ある所にこれをほどこす」以外書かれていない。ところが、享和三年三月十日に書かれた『木喰うきよ風りふわさん』（木喰浮世風流和讃）（新潟県糸魚川市一の宮・糸魚川歴史民俗資料館蔵）には、十八大願の内容が記されている。

「〇 第一　天等大供養法門（供養）〇 第二願　日本廻国八宗一見修行（廻国）〇 第三〃　佛作願心十方カフガ（佛心）〇 第四〃　有情四百衆病見（病見）〇 第五〃　一切衆生一夜説法（説法）〇 第六

〃 無別方使（便か）戒海水心（戒律）○ 第七〃 高ヤ常光明真言へ（真言）○ 第八〃 常念佛因縁ノ所ニ（念佛）○ 第九〃 一切経衆生アンイノタメ（奉経）○ 第十〃 千タイ薬師因エントチ（作佛）※（ ）は柳宗悦氏『木喰五行上人の研究』による ○ 第十一〃 大願下方五百歳ヲ方使（便か）海水心 ○ 第十二〃 大願我来世得阿ノクタラ三ミャク三ホタイ ○ 第十三〃 大願有常情三字往生一切成仏道 ○ 第十四〃 大願慈悲ホタイ心常願心 ○ 第十五〃 大願光明寿命ウぶフ無常心 ○ 第十六〃 大願有情無上諸病一切至心願 ○ 第十七〃 大願十方カフガシャ諸仏菩薩作願心 ○ 第十八〃 大願六道衆生皆発菩提心」（注25）

第一願から第十願までは、木喰の実際の行動を示しているが、第十一願から第十八願までは、心の有り様である。

木食戒

木食戒は、木喰自身が書いている『四国堂心願鏡』に「……日本廻国修行セント大願ヲ、ヲコシテ、法身（筆者注・発心）スル事四十五才ノ年ナリ。ソノ節ヒタチノ国木喰観海上人ノ弟子トナリ、木喰カイヲツギヲヨソ四十年ライノ、修行ナリ。……」と出てくる。「木食戒」という言葉は、江戸時代までの文書の中で『四国堂心願鏡』以外には見当たらない。なお、木喰は普通名詞「木食戒」を「木喰戒」と「口偏」をつけて書いているので、「木喰戒」としてある諸本も見られる。本論では「木食戒」を使用しているが、引用部分はそのまま「木喰戒」としてある。

「木食戒」については、柞木田龍全氏が「……「木喰戒」とは、どういう戒律であったものか、天台、真言の大学教授や、修験宗の僧正に問いてみたがあまりはっきりしなかった。そこで私は、『戒律の研究』という本の著者、石田瑞麿博士に〝木喰戒〟についてお聞きしたところ、博士は、「インドから渡った戒律の中には、木喰戒はないから、木喰戒というのは、日本独自の〝戒〟であろう」とのお話であった……」（注26）と書かれているように、まだ解き明かされていない。

「木食戒」の内容について書かれた文書は全く残っておらず、口伝によるものかもしれないが、あるいは確立した「戒」としての「木食戒」というものはなかったのではないかと思える。

「願」と「戒」

円空が「木食戒」を享けたのは、木食行者の祖とされる弾誓（天文二十年・一五五一～慶長十八年・一六一三）の三世である閑唱ではないかと池田氏が論じられている。

「……弾誓三世の閑唱（一五九七～一六八四）は岐阜県笠原町の心性寺を再興し……弾誓止住の地である阿弥陀寺へ閑唱が訪れることは当然のことと考えられる。……円空は二〇代から阿弥陀寺を中心とする津保谷を、修行の場としていたと推定されることから、六〇代の閑唱と二〇代あるいは三〇代の円空との出会いは十分考えられる。……『美並村史』資料編で、村史監修者である大谷大学五来重教授（当時）は「円空は三十二歳前、武儀町阿弥陀寺で、弾誓三幅対がかけられた内陣の前で、一心戒木食遊行者から、この戒の秘密伝授を受けたと推定される。」と述べておられるが、私はこの一心戒木食遊行者を閑唱と推定している。……」（注27）

円空の「木食戒」について、池田氏は「閑唱」、五来氏は「一心戒木食遊行者」からを伝授されたと論じられている。いずれも「推定」とされているが、「木食戒」は、「師から伝授される」と書かれている。

木喰も『四国堂心願鏡』の中で、「……ヒタチノ国木喰観海上人ノ弟子トナリ、木喰カイヲツギ……」と師である「観海上人」から受け継いだと書いている。

五来、池田両氏が、「木食戒」とされる木喰の願は、前述したように最初は「一願」であったのが、「六大願」、「十大願」、「十八大願」と増えていっている。これは、木喰の願の伸展であって、「木食戒」とは直接には関係ないように思われる。「戒」は師によって与えられるものであるなら、木喰が新たな願をたてる度毎に、「木食戒」の師がいたのだろうか、そうとは思えない。最初に観海から与えられた「木食戒」に、すでに「十八大願」が入っていたのであろうか。そうすれば、随分小出しにしているということになり、これも考えられない。

京都府南丹市八木町・清源寺に遺る、十三世仏海が書いた木喰の見聞録『十六羅漢由来記』によれば、木喰は「……五穀と塩味とを食せざること茲に五十年なり且つ臥具を用ゐず、寒暑一に単衣、……」（注28）とあり、これが木食行者の共通した「戒」のようにも思われるが、このことは木喰の「十八大願」の中に含まれていない。

宗教家は、本来「願」を持つものだといわれるが、「願」は個人各々のものである。一方「戒」は、皆が共有する普遍的なものである。

したがって、木喰の願から「木食戒」を導き出すことはできない。ましてそれに円空を当てはめる論には、賛同できない。


（『ガンダーラ会報』66号　二〇一六年七月）

第三節　巡錫

資料・文献による円空の巡錫地

年号のある像の背銘および自筆文書、厨子銘・鰐口銘・墓碑銘、棟札と、円空に関する江戸時代の文献の幾つかによって、円空の足跡をある程度は辿ることができる。

ただし、例えば岐阜県関市洞戸・個人宅の円空の不動明王が安置された厨子の天井部分に「寛文十一年」の年号があるが、一五・六cmの小像であり、このお宅は修験者の家系であるので、どこか別の場所で造像された可能性もあり、寛文十一年（一六七一）に洞戸地区を巡錫したと断定はできない。

岐阜県大垣市上石津町・天喜寺の薬師如来背銘「承應二年」（一六五三・二二歳）と、栃木県日光市松原町・個人（旧・明覚院）の観音菩薩「元禄二年己巳六月　□□□□□　明覚院」（一六八九・五八歳）の墨書は、円空の筆跡とは思われないので、この年号での巡錫地に入れることはできない。

円空像が現存する場所と、円空が巡錫した地とは、必ずしも一致しないことには注意が肝要である。また、円空像が現存していなくても、諸資料から円空が巡錫したと考えられる所もある。

現存する円空像及び諸資料から、円空の巡錫地は、北海道から近畿地方にまで及んでいることが実証できる。

平成三十年（二〇一八）一月現在確認される円空仏は、愛知県三二四四体、岐阜県が一六九五体であり、両県だけで円空仏総数五四〇九体の九割をこえる。遺された円空仏の数からすれば、円空は愛知、岐阜両県に最も濃密に巡錫の歩を進めていたといえる。因みに三番目は埼玉県の一七五体、続いて北海道五一体、三重県三九体、富山県二九体、栃木県二六体、奈良県二〇体、東京都二〇体、青森県一八体、群馬県一六体、秋田県一二体（以下省略）である。只、この数字は筆者が確認した像数であり、筆者が知らない像もあるだろうし、遷座された像も含めた数である。例えば東京都の二〇体はすべて移入された像である。したがって、厳密な数字の若干の変動はあるかもしれないが、円空の足跡、造像の大概の状況は窺うことができる。

中国地方、九州地方には、現存する円空仏はない（遷座された像を除く）。四国には、四国中央市土居町・個人宅に観音菩薩が安置されているが、一六cmの小像であり、移座されたことも考えられ、本像のみの存在で四国巡錫を断定することは難しい。

関市池尻・弥勒寺に蔵されている円空の『経裏に書かれた全国の山嶽神名』の中に、「南無大山権現」（鳥取県）、「南無阿蘇山権現」（熊本県）、「南無霧島権現」（宮崎県・鹿児島県）、「南無石槌権現」（愛媛県）と、中国（鳥取県）、九州（熊本県・宮崎県・鹿児島県）、四国（愛媛県）の地名が出てくる。

又、郡上市美並町・星宮神社に遺されている『粥川鵜縁起神祇大事』に書かれている、藤原高光に追われた鵜が逃げる先々の地名に出てくる「瓶嶽（カメガタケ）」は石槌山脈に属する山の「瓶ケ森」のことかもしれない。

『円空の和歌』の中に「松過て冬こそ宇佐の神ならは事をつくしの玉祭せて　六〇五」（注29）という宇佐八幡宮（大分県）が詠み込まれた歌がある。

円空が書いた中国、九州、四国の地名は、円空がそこを巡錫したかもしれないという憶測もさせる。

北海道巡錫

渡道の目的

弘前藩の『寛文六年 正月 日記』に「円空と申旅僧壱人長町に罷在候処御國に指置申間敷由仰出候に付而其段申渡候へは今廿六日に罷出青森へ罷越松前へ参由」という記述がある。これにより円空は、寛文六年一月に、青森県弘前市にいたことがわかる。この後、円空は下北半島を経て北海道へ向かったと考えられる。北海道を十ケ月間程巡錫したと思われ、背面に年号のある像三体（広尾郡広尾町・禅林寺の観音「寛文六年丙午夏六月吉日」、伊達市有珠町・善光寺安置の観音「寛文六丙午七月廿八日」、寿都郡寿都町・海神社蔵観音「寛文六年丙午八月十一日」）を含む四五体の像が道内に現存している。

円空がいかなる意図をもって渡道したのか明確ではない。当時の北海道は、円空渡道三年前の寛文三年に臼嶽の大噴火により多数の死者を出しその余燼冷めやらぬ時であり、寛文九年には「シャクシャインの乱」と称せられるアイヌの大叛乱が記録されているように和人とアイヌ人との摩擦の多かった時でもある。こういう時に渡道した円空は、危険な地域を多く踏破したであろうことは想像に難くない。

伴蒿蹊著の寛政二年（一七九〇）刊『近世畸人伝』（僧円空附俊乗）には「蝦夷の地に渡り、佛の道しらぬ所にて、法を説て化度せられければ、その地の人は今に至りて、今釋迦と名づけて餘光をたふとむと聞ゆ。」と載る。

北海道の巡錫経路

北海道に遺された像のうちで、彫りも洗練されており、像のバランスが大層よくまとまっている松前郡福島町・吉野教会の観音、及び函館市船見町・称名寺の観音は、北海道で後半に彫られた像ではないかという推定がされる。吉野教会像は、かつて近在の地蔵堂に祀ってあったものであり、称名寺の像は、もと松前郡福島町の網元が、海に漂流していた像を救い上げ、昭和三十三年（一九五八）に称名寺に寄進したものと聞く。

ところで、北海道の四五体の円空仏のうち六種の梵字の書かれている像が、吉野教会、称名寺の二体を含めて六体現存する。従来知られていた松前郡松前町・三社神社の観音、上磯郡木古内町・西野神社の観音に加えて、茅野郡森町・内浦神社の観音に梵字があることを、平成二十六年（二〇一四）六月に、赤外線写真で筆者が確認した。また、北斗市富川・八幡宮の観音像の背面にも梵字があることを、北海道在住の小笠原実氏から御教示頂いた。

背面梵字は、（セ・サ・キ・キャ・タラーク・バク）の六種であり、三字（・・）が一致する六観音種子かもしれないが、本稿では「六種種子」と呼ぶ。また、寛政三年最上徳内一行の『東蝦夷地道中日記』有珠善光寺の記事中に「傍に五尺四方の堂に観世音三体安置す木像にて後ろに銘ありのほりへつしりへつたけうちうらたけ三体各悉曇六字宛居楷書に百年の後有衍山上観世音菩薩と書きたり（傍点筆者）」とあり、かつて伊達市有珠町・善光寺にあった三体の像に、六字の梵字が書かれていたことがわかる。「のほりへつ」という背銘の像は登別温泉・小祠堂の黒焦げになっている像と思われ、「しりへつたけ」は不明、「うちうらたけ」は内浦神社の観音像と考えられる。したがって合わせて少なくとも八体の像の背面に梵字が書かれていたことになる。

「六種種子」を背銘にもつ像が、円空の北海道での完成された像であり、後半に彫られた像であったと考えられる。そういう前提のもとに「六種種子」の書かれている像をみてみると、すべての像がかつての東蝦夷地及び南部海岸沿いの地域に限られて祀られていることに気付く。遷座されたのかもしれないという危惧はあるが、吉野教会像、称名寺像、三社神社像は共に松前及び近隣地区、西野神社の像は、上磯郡に円空仏が多く遺ることから考えても、この周辺で彫られたとする方が自然である。「のほりへつ」「しりへつたけ」「うちうらたけ」の三体の像は、伊達市・有珠善光寺で刻された像である。

現在、円空仏が多くのこされている西海岸沿いの桧山郡上ノ国町六体、同郡江差町三体、爾志郡乙部町七体、二海郡八雲町三体の道筋の像には、「六種種子」の書かれた像は見あたらない。また、北海道の円空仏をみてみると、例えば顔の表現で、西海岸沿いにのこる円空仏の頬のふくらみが、東・南部の円空仏に較べると、やや扁平で微笑みの表情が硬いことが指摘できる。顔の形も、東・南部像が横に長い楕円形なのに対し、西海岸の像はどちらかといえば縦に長いという違いもある。総体的に、東部及び南部にのこる円空仏より、西海岸沿いの円空仏は彫りが硬いのである。したがって西海岸沿いに点在する円空仏は、円空が北海道に渡った初期ないしは前半に彫られた像であるということが考えられる。

円空は、寛文六年初旬、松前へ上陸後西海岸を北上して、まず当時蝦夷地最大の霊場であった太田権現へ向かったのかもしれない。筆者は、菅江真澄が太田権現で拝したという像が円空仏であったということに疑問を持っているが、太田権現への登拝までを否定している訳ではない。太田権現への往還路で、現在西海岸沿いにのこる幾多の仏像を造顕し、再び松前城下へ戻る。

恐らくこの頃には円空の造仏の様子は広く知られていたことと思われ、六月には松前藩執政・蠣崎蔵人と知遇を得、蔵人に乞われて念持仏を彫り、その後今度は東の霊場、礼文華窟、有珠善光寺へ歩を進めたのであろう。七月になって、臼嶽に登り、礼文華窟で五体、善光寺でも五体の像を彫り、八月に内浦山に登頂後、現在海神社に祀られている像等を彫り、東蝦夷地を中心に布教造像活動を繰広げる。松前から東蝦夷地への往復にも、現在北海道南部に遺されている吉野教会像、称名寺像等多くの像を造顕、再度松前へ戻り、円空は北海道を去る。円空の北海道での巡錫を、以上のように筆者は推定している。

北海道を去った時期は、愛知県海部郡大治町・宝昌寺の観音像底面の「寛文八丁未　圓空造」の刻書により寛文六年末頃と見当がつけられる。刻書は円空の文字ではないが、本像には円空仏通様の二重台座がなく、後年切り取られ、その底面にこの刻書がある。像を改変する場合、元の像にあった文字は原則遺すというのが通例であり、本刻書もそれに倣ったのであろう。ただ、「丁未」は（寛文七年）の干支であり、年号と干支が違う場合干支の方を採るという歴史の慣例に従えば、この像は（寛文七年）に造像されたことになる。円空は寛文七年には尾張にいたと考えられる。

東北巡錫

東北地方に遺される円空像は、北海道への往還時における造像であり、この時期の様式を持つ像三二体が確認できる。像容は、山形県・見政寺の観音像を除けば、すべてが北海道にのこる像と極めて類似しており、北海道の像とほとんど同時期に造像したものと考えられる。それ故に東北地方の像は、円空が北海道の往路あるいは帰路に造像したかが問題になる。

北海道の六体の像に書かれている「六種種子」が、青森県津軽半島の二体（東津軽郡外ケ浜町・義経寺 観音、東津軽郡蓬田村・正法院 観音）と、青森市油川・浄満寺 釈迦、青森市浪岡町・元光寺 釈迦、平川市平賀町・神明宮 観音、西津軽郡鯵沢町・延寿院 観音の坐像四体、及び秋田県湯沢市上院内・愛宕神社 十一面観音立像の六体の像にも書かれている。ところが、背面に書かれている梵字は、北海道像が「六種種子」のみであったのに対して、青森県の像はそれに加えて梵字が増えている。

北海道、東北の両方に書かれている「六種種子」を較べてみると一見して北海道像の方が硬いが、これは例えば涅槃点（・・）だけを比較しても、北海道像が丁寧にまん丸にしようとする意識が感じられるのに対して、青森県像の方は筆をチョンとおいただけのように書かれ、明らかに青森県像の方が書き慣れており、青森県像の「六種種子」の方が、北海道像より後に書かれたものといえる。

「六種種子」につけ加えられている梵字は、津軽半島の義経寺像には「[梵字]ウン・護法神」ともう一種「不詳」、正法院像は「[梵字]カーンマン・不動明王」と「[梵字]ベイシラマンダヤ・毘沙門天」が書かれている。円空は護法の像を総括して「[梵字]ウン」という種子であらわしている。

円空は北海道・東北巡錫後、生涯にわたって像の背面に多種多様の梵字を書くようになるが、「[梵字]」「[梵字]」「[梵字]」が書き添えられている像は極めて多い。したがって、後の像に書かれた梵字との連なり、先にあげたより手慣れた書体を合せて考えれば、青森県津軽半島にのこる像は、北海道像の後に造像されたと断定できる。

青森市の浄満寺像は「[梵字]バク・釈迦如来」ともう一種「不詳」、平川市・神明宮像には「[梵字]ウン」という種子が書かれている。

青森県下北半島にのこる像には、梵字は一切書かれていない。書かれていないということは、梵字の推移より北海道から津軽半島という行程が成り立つことから、北海道で初めて梵字を書いたということになり、下北半島巡錫が北海道より前だという推測ができる。

東北地方に遺る九体の十一面観音は、左右非相称（南津軽郡田舎館村・弁天堂、弘前市新寺町・普門院、下北郡佐井村・長福寺、下北郡大畑町・菩提寺）の像と、左右相称（弘前市新寺町・西福寺、大館市豊町・宗福寺、秋田市上新城・竜泉寺、男鹿市門前・五社堂、湯沢市上院内・愛宕神社）の像という二つのグループに分けられる。東北以後の後期の中部、近畿、関東に遺る五〇余体の十一面観音は全てが左右相称であり、後期の十一面観音に連なる左右相称のグループの像が、左右非相称のグループの像より後に造像されたという推定が成り立つ。

以上の背面梵字の推移と様式上の観点から、東北の巡錫経路を次のように推定している。

寛文五年後半、北陸から船で青森県の日本海側のどこかの港に着いた円空は、弘前市に現れ、次に下北半島に至り、青森県むつ市田名部の恐山を経て、青森県下北郡佐井村近郊から北海道へ渡った。帰途は、寛文七年の初めに青森県津軽半島から南下し、同弘前市、秋田県男鹿半島、同湯沢市を経て、宮城県宮城郡松島町・瑞巌寺の釈迦如来造像を最後に、北海道、東北の巡錫を終え、愛知、岐阜へ戻った。東北地方と愛知・岐阜地区を結ぶ陸路に寛文年間と考えられる像が存在しないことから、松島から愛知へ船で来たものと、背面梵字の推移及び円空仏の像容から推定される。

関東巡錫

関東巡錫の目的

円空が、活動の拠点としていた中部から関東へ向かう経路として東海道と中山道がある。

富士山を描いた円空の絵が四枚あり、富士山を詠む歌が四首（一七八・四〇五・五一一・七一〇）ある。また、足から（五一一）、箱根の関（五一二）、つるかおか（八三四）と神奈川県内の地名を詠む歌が三首あり、江戸を詠んだ歌四首（四〇八・四〇九・四一〇・四一二）、武蔵野の歌一首（四一三）もあるので、あるいは東海道を通って関東へ来たかもしれない。ただ、この道筋での円空仏の発見はない。東京都新宿区中落合・不動堂に不動三尊が安置されているが、これは文化・文政年間（一八〇四〜一八二九）に、尾張国一宮の真清田神社から遷座された像である。

関東への道筋の長野県では、中山道塩尻宿（塩尻市）の北方松本市波田・小祠堂に立像一体、同市中央・浄林寺に観音菩薩一体、上田市浦野・馬背神社の薬師如来の合わせて三体あるのみである。

関東へ向かう経路に円空仏が極めて少ないということは、円空は、何らかの目的をもって関東へ向かっており、その歩を早めたのではなかったか、それ故に道中での造像が少なかったのではないだろうか。

結論から言えば、円空が関東へ来た目的は、不動院本尊の造像であったと思う。不動院は、現在廃寺になっているが、かつて武蔵国葛飾郡幸手領小渕村（現・埼玉県春日部市小渕）にあった関東地区の本山派修験寺院を統轄していた寺である。

関東に遺されている円空像中、最も古い紀年銘を持つ像は、「延宝八年九月中旬」（一六八〇）の茨城県笠間市笠間・月崇寺の観音である。延宝八年近くの円空の足跡を見てみると、前年の延宝七年七月五日頃に、滋賀県大津市・園城寺より「仏性常住金剛宝戒相承血脈」をうけており、円空が当時園城寺にいたことがわかり、園城寺にはその頃の造像と思わせる円空仏八体も遺されている。血脈をうけるからには、円空は相当日数園城寺にいたことが考えられる。そして、此処で円空は、不動院の修験者に会い、造像の才を見込まれて、不動院本尊造像の依頼をされたのかもしれない。不動院は聖護院末であり、聖護院は園城寺の管下で、不動院の修験者が園城寺にいたことに何の不思議もない。

勿論、この出会いは可能性の仮説ではあるが、此処でなかったにしても、円空が何処かで、不動院本尊造像を頼まれたことは、十分考えられることである。不動院は大寺であり、円空が偶々寄ってすぐに本尊を彫ることになるとは考えにくい。それよりも、予め約束があって、本尊を造像したと想定する方が自然である。円空は、あるいは日時も約束していたのかもしれない。それ故、関東へ急いだとも考えられる。

不動院の本尊が、何故新彫されることになったのか、それ以前の本尊がどうであったのかを知る術はない。ともあれ、円空の不動院本尊の造像は、成功裡に成し遂げられたと思われる。不動院配下の寺々に、多くの円空仏が遺っていることがそれを物語っている。因みに、円空仏を蔵しておられる不動院関係の場所を地図上においてみると、それは円空仏がある埼玉県のほぼ全域に拡がる。

関東巡錫の経路

栃木県宇都宮市・妙覚院広隆寺に円空の恵比須二体が祀られている。妙覚院広隆寺は、かつて当地で栄えた修験寺であったというが、現在は小祠堂一つを遺すのみである。現在この小祠堂を管理されているお宅には、不動院から出されている認可状がある。妙覚院広隆寺もかつては不動院の支配下であり、円空は不動院の関係で此処へ錫を巡らせたと考えられる。

関東で最も早い延宝八年九月の紀年銘を持つ観音が祀られている茨城県笠間市笠間・月崇寺は、宇都宮市からそれほど遠い距離ではない。笠間市と宇都宮市を結ぶ中間にある栃木県芳賀郡茂木町にも円空仏がある。そうすれば、月崇寺の像は、円空が不動院から妙覚院広隆寺へ出向いた折の延長線上に置くことも出来る。

円空には笠間市の南にある筑波山を詠んだ歌「春　筑波根の峯の木の間に降雪は梢結ふ花かとそみる五一三」がある。この歌は情景描写であり、内容的に筑波山中で詠まれた可能性がある。茨城県古河市には二体の円空仏が遺るが、古河市は筑波山と不動院を結ぶ経路上にある。従って、不動院―宇都宮市―茂木町―笠間市―筑波山―古河市―不動院という、円空の一つの巡錫ルートが想定される。

述べてきたように、関東の円空仏の多くは、不動院に関連づけられるが、不動院と直接的には結びつかない像もある。例えば、群馬県内の像であるが、これは富岡市・貫前神社旧蔵の大般若経奥書に書かれている「延宝九年四月」の頃を中心とした造像が考えられる。不動院を拠点とした活動から、月日を経ての展開ととることが出来る。

栃木県日光市の諸像も、不動院とは直接結びつかない。日光山内から移された鹿沼市・広済寺の千手観音背銘の「天和二年九月」（一六八二）頃が、円空が日光山内で留錫、造像していた時期だろう。円空が、関東へ来たと思われる延宝七年から三年目のことであり、更なる活動の展開と言える。

尚、多くの書の『円空年表』に載る「元禄二年関東巡錫」は、栃木県日光市・個人蔵の観音背銘「元禄二年

六月　明覚院」によるものであるが、これは後人筆で、様式上この時期の作像とは思われず、何らかの由緒から書かれた年号と考えられる。元禄二年関東巡錫説は否定したい。

中部巡錫

愛知県

全国で円空仏が一番多く蔵されているのは、名古屋市中川区・荒子観音寺であり、一二五六体が祀られている。名古屋市守山区・龍泉寺には五三八体、津島市天王通・地蔵堂には一〇一二体が現存している。愛知県全体の円空像は三二〇〇体を超え、都道府県別では最も多い。

愛知県西部の尾張で一番古い円空仏は、円空が北海道・東北の旅から帰った直後の寛文七年作像と思われる観音像であり、海部郡大治町・宝昌寺に祀られている。(本像には円空筆ではないが、底面に「寛文八丁未圓空造」の刻書がある。干支の丁未は寛文八年ではなく寛文七年であり、こういう場合干支を採るという通例に従えば、本像は寛文七年作ということになる。)

名古屋市千種区・鉈薬師堂の一七体の像は『張氏家譜』、『那古野府城志』に寛文九年作と書かれている。名古屋市守山区・龍泉寺の馬頭観音には「延宝四年立春大祥吉」の背面墨書がある。荒子観音寺蔵の『浄海雑記』には、円空筆の『両頭愛染法』に「延宝四年極月廿五日」の日付のあったことが記されている。

銘薬師堂は、尾張二代藩主徳川光友の肝入りで、明からの渡来人である張振甫のために建てられた堂である。堂内の円空仏は光友から下賜された材木から造像されていることが『張氏家譜』、『那古野府城志』の記事からわかる。銘薬師堂の土地を提供した間宮大隅守の子孫の家には円空仏二体が遺されている。こうしたことから、円空と尾張藩士との間に親交のあったことが想定される。

『淨海雑記』第一巻に「……尾張四鎮護第三番也……」という記事がある。尾張四鎮護は、名古屋城を中心に、名古屋市南区笠寺町・笠寺観音、名古屋市守山区竜泉寺・龍泉寺、名古屋市中川区荒子町・荒子観音寺、愛知県あま市甚目寺・甚目寺観音の四寺である。この内、龍泉寺と荒子観音寺に多数の円空仏が蔵せられている。

名古屋城からみて龍泉寺は北東すなわち鬼門の方角にあたり、荒子観音寺は南西の裏鬼門であり、名古屋城鎮護には重要な寺である。尾張藩士が、銘薬師での造像時に知己を得た円空に鬼門、裏鬼門の寺での造仏を依頼し、それ故に円空は龍泉寺、荒子観音寺に巡錫の歩を進めたとも考えられる。名古屋城の近くで、龍泉寺と荒子観音寺の丁度中間地点にある名古屋市東区徳川・関貞寺に円空の宇賀弁財天が祀られていることは、この推定の傍証になるかもしれない。

岡崎市滝町・滝山寺は、徳川家発祥の地である岡崎城の鬼門鎮護の寺であり、かつて円空仏が祀られていた。また、三代将軍徳川家光によって滝山寺境内に建立された滝山東照宮にも円空仏が祀られている。愛知県の東部に位置する三河地区には、滝山寺、滝山東照宮の二体を含めて円空仏は二一体（遷座仏は除く）と西部の尾張地区と較べて数は少ないが、地区を横断して点在しており、円空は三河の広範囲を巡錫していたことが想定される。

岐阜県

岐阜県南部の美濃地方は円空が生まれ、遷化した地である。従って円空がしばしば巡錫したと思われ、美濃地方には、円空の極初期像から最晩年にいたる各時代の像が遺されている。

円空の生地について、『近世畸人伝』（天明八年刊・一七八八）及び下呂市金山町祖師野・薬師堂の木札（文政九年・一八二六）、には「美濃国竹が鼻」（現・羽島市竹鼻町）、幕末に書かれた『淨海雑記』と『金鱗九十九之塵』には「安八郡中村」（現・安八郡安八町中）とある。「安八郡中村」には円空の痕跡は全く無く、長良川を挟んでの対岸「中島郡中村」（現・羽島市上中町中）のことであろうと思われる。ここには、円空建立の観音堂がある。

郡上市美並町には、円空の寛文三年（三二歳）作の最初期像が遺されている。また円空は美並町へ、棟札や像背銘から、寛文四年（三三歳）、寛文十年（三九歳）、寛文十二年（四一歳）、延宝七年（四八歳）と何回もその歩を向けていたことがわかる。

関市洞戸町・高賀神社には、円空最晩年の元禄五年作の十一面観音、善女龍王、善財童子の三尊及び虚空蔵菩薩等二十八体の像が祀られている。いずれも円空の造形的、信仰的帰結を感じさせる像である。

関市池尻・弥勒寺は円空再興の寺である。「元禄八年七月十五日」の日付が刻まれた円空の墓もある。

岐阜県北部の飛騨地区は、円空が濃密に巡錫した地であったと思われ、飛騨各地には夥しい数の円空像が遺されている。

飛騨で円空が活躍した拠点の一つは、高山市丹生川町・千光寺である。千光寺には、円空仏六〇余体が現存し、弁財天を安置する厨子の扉には「奉寄進弁財天女御厨子…貞享二年五月吉祥日」（一六八五）とある。また、円空仏二体を遺す丹生川町折敷地・長寿寺小祠堂の棟札には「貞享貮乙丑雪月八日」、高山市・個人所蔵の厨子に「貞享三丙寅年三月」、円空仏三体が祀られる丹生川町板殿・薬師堂に掛かる鰐口には「貞享三年六月吉日」とあり、円空が貞享二、三年頃、千光寺を中心として周辺地域を盛んに巡錫していたことが推定される。

高山市上宝町金木戸・観音堂旧蔵の今上皇帝像には「元禄三庚午九月廿六日　當國万佛十マ佛作已」の墨書背銘がある。この背銘に従えば、元禄三年に円空は「十万体を作り終えた」ということになる。入寂の五年前である。

下呂市金山町菅田・薬師堂の青面金剛神背銘に「元禄四年卯月二十日」、下呂市小川・個人蔵の青面金剛神には「元禄四年卯月二十二日」、高山市朝日町万石・八幡神社の八幡大菩薩背銘には「元禄四年五月八日」と書かれている。後年の円空が飛騨各地を何度も巡錫していたことが推し量られる。

富山県

富山県の円空仏は、県全体で三〇体が確認される。その八割にあたる二四体が、岐阜県に接する富山県富山市の旧婦負郡細入村に集中している。

筆者が旧細入村の加賀沢（富山市加賀沢）を最初に訪れたのは、昭和四十七年八月十五日のことである。その時加賀沢集落は、夏の間だけ植林にみえる一軒のお宅を除いて全戸離村、主のいなくなった十数戸の廃屋が立ち並んでいた。そこに白山宮があり、偶々お出でになった村人に白山宮の拝観の許可を得て、本殿奥の紫の幕を開けさせて頂いたところ、そこにはにこやかに微笑む白山神三体と観音、虚空蔵の五体の円空像が鎮座していた。これが富山における円空仏のまさに幕開けとなった。

加賀沢から四㎞程北に位置する旧細入村蟹寺地区（富山市蟹寺）には、白山神社と慈眼院という社寺があり、各々に円空の神像二体、仏像三体が安置されている。江戸時代、蟹寺集落の民家は七戸であり、現在蟹寺には、民家に六体と慈眼院に一体の小観音像が遺っている。慈眼院の像は民家から移座したものと思われ、円空はすべての民家に像を彫り与えていたことになる。神社には神像を祀り、寺院があれば仏像を彫り、民家にはそこにふさわしい像を与える。円空にとって、すべての神仏像が彫る、すべての場所が祀る、そしてすべての人が与える対象であった。

旧細入村猪谷（富山市猪谷）は、蟹寺から約一㎞北上したところにあり、三戸の民家に円空仏が祀られている。円空が猪谷を詠んだ「土　旅人の御形を移す井谷(イノタニ)の鏡の周に結玉つさ　一〇五五」「土　井の谷の説か御法の〔ケシ〕花〔ケシ〕なれや春の初鶯のこゑ　一〇六六」という歌が二首ある。

一〇六六の次に「土　丑刀の鉾の御神の主しして普く守る光在せ　一〇六七」の歌が詠まれている。「丑刀(うしとら)（寅）」というのは（北東）の方向を指し、「鉾」は形状から（山）と思われ、「丑刀の鉾の御神」は（北東の山の神）ということになる。猪谷から（北東の山）といえば（立山）が想定される。

円空の越中への巡錫は、加賀沢、蟹寺、猪谷を経て立山登拝が目的と思われる。円空は、下呂市小川・神明神社に「立山大明神」の背銘をもつ像を遺している。この円空像は、歴史上、像として現された（立山神）としては最古ということである。

長野県

円空が長野県へ巡錫の歩を向けたのは、御嶽山登拝が目的であろうと考えられる。長野県木曽郡南木曽町・等覚寺には、弁財天並びに眷属の十五童子が祀られている。すぐ近くにある天満宮の天神像が等覚寺へ遷座している。

この天神の棟札に「維時貞享三季在龍丙寅林鐘二十有五日」と年号が書かれており、木曽周辺の像造顕は、貞享三年林鐘（六月）頃に位置付けられる。この頃に、円空は木曽御岳山へ登拝したと思われ、御嶽山黒沢口登山道一合目の木曽郡木曽町三岳・大泉寺には韋駄天、同三合目の開山堂には観音像が遺されている。

近畿巡錫

滋賀県

北海道のケボロイ窟に安置されていた観音像（現 伊達市有珠町・善光寺蔵）の背面に「江州伊吹山平等岩僧内」という刻書がある。この背銘により、円空が早い時期に伊吹山で修行をしていたことが推定される。そしてこの背銘を基に、伊吹山三合目にある太平寺集落・観音堂（現・米原市春照）から、桜の木で造像された一八〇・五㎝もある十一面観音の大作が発見された。

この十一面観音には、背面に円空彫像の本質ともいえる貴重な墨書「四日木切　五日加持　六日作　七日開眼」がある。これによって、これだけ大きな像を一日で彫るという円空の造像速度がわかるとともに、材の調達から開眼まで全て一人で行っていたこともわかる。

園城寺（三井寺）は、円空と最も関係の深い寺である。延宝七年七月五日頃に園城寺の尊栄から「仏性常住金剛宝戒相承血脈」を受けていることがわかる「血脈」があり、元禄二年八月九日には同じ尊栄から「授決集最秘師資相承血脈譜」を受けている。

同日、同師から「被召加末寺之事」を受け、自坊弥勤寺が園城寺の末寺になっている。円空は、園城寺で尊栄を師として幾度も修学していたことが窺われる。園城寺には、円空の善女龍王像七体が安置されている。

滋賀県における円空の巡錫は、伊吹山と園城寺に集約される。

三重県

平成十六年五月、伊勢市勢田町・中山寺から寛文五年頃の極初期像である文殊菩薩の新発見があった。そのことが新聞報道されたことにより、さらに津市白山町・観音堂からも同じ極初期作の金剛界大日如来が見出され、円空の生涯について新たな展開を考えさせることになった。

伊勢・中山寺の像は、円空が造像し始めた頃に伊勢神宮参拝に来たことを思わしめ、白山町の大日如来像により早い時期の斑鳩法隆寺巡錫を想起させる。

伊勢の中山寺には、寛文十二年頃（四一歳）の造像と思われる三体の像も祀られている。伊勢に隣接する志摩には、延宝二年（四三歳）前後の像が一七体遺されている。

円空は志摩市志摩町片田・片田地区蔵の『大般若経』六〇〇巻を修復し、その中に五八枚の添絵を描いており、五七一巻に「延寶貳年寅之三月吉日」の日付がある。又、志摩市阿児町立神・薬師堂の『大般若経』六〇〇巻を修復、ここでは一三〇枚の絵を添えている。この大般若経付属文書に「延寶貳甲寅暦自六月上旬同至八月中旬」とある。

志摩市阿児町立神・少林寺の観音について書かれた棟札には、「延寶貳歳次甲寅夏」に、円空によって本像が造像されたとある。

以上の三点の資料によって、円空が延宝二年を中心とした時期に志摩を巡錫していたことがわかる。

注目されることは、志摩で彫られた像は、例えば阿児町立神・少林寺の護法神は抽象性が際立つ像であり、志摩市磯部町上五知・薬師堂の薬師三尊に強い面の構成が見られることである。円空は、志摩で「抽象性」と「面の構成」による像という「円空様式」を確立したといえる。

奈良県

寛文十一年七月十五日に法隆寺の巡堯春塘から『法相中宗血脈佛子』を受けたことが、岐阜県関市池尻・弥勒寺に遺る文書からわかる。この血脈は実物ではなく円空の写しであるが、中に「子多年求望之追而麁相之血脈書写与之」という文言が書き添えられている。円空が「長年法相中宗の血脈を望んでいたので、之を書き写して与えた」という内容である。円空は三ヶ月半前の寛文十一年三月二十八日には、岐阜県美濃加茂市三和町廿屋にいたことが同所の棟札からわかっており、今回初めて法隆寺へ来たのであれば文中の「長年」に矛盾することになる。筆者は、北海道へ渡る以前および帰ってからの円空の法隆寺巡錫を想定しているが、この血脈の添え書きはその典拠を与えている。

円空は翌寛文十二年五月下旬に岐阜県郡上市白鳥町・長瀧寺の十一面観音、六月には同美並町上田・八坂神社の牛頭天王を造像したことが、背銘と棟札によって知られる。

奈良県吉野郡天川村・栃尾観音堂には、観音を中心として左右に金剛童子、大弁才天女を配するという変わった組み合わせの三尊と荒神（護法神という説もある）の四体の円空像が安置されている。本尊観音の背面に刳貫があり、中に小観音像が納められている。本像を加えれば栃尾観音堂の像は五体になる。

栃尾は、修験道の中心である大峰山登拝口の一つであり、円空が栃尾に来たのは大峰修行が目的であったのだろう。大峰修行には、弥山山籠、山上ケ岳登拝、笙の窟籠等がある。

円空歌集中に「こけむしろ笙の窟にしきのへて長夜のこるのりのとほしみ」という歌を初めとして「笙の窟」を詠んだ歌が三首ある。笙の窟で年籠をしたことがこれらの歌から推し量られるが、筆者はこれを延宝元年（一六七三・四二歳　寛文十三年九月改元）から二年にかけてのことと想定している。

笙の窟での年籠は、大峰修行の中で最も過酷といわれる。伊吹山での修行を初めとして、各所の霊山登拝を数多く経験してきた円空は、この時四二歳、心身共に最も壮健であったと思われ、果敢にこの難行に挑んだことだろう。極寒の窟での修行がいかに厳しいものであったかは想像に余りあるが、後年自らを「金峯笙窟圓空」と名乗っているところをみると、この笙の窟年籠が円空にとって、いかに大きな比重を占めていたかがわかる。

（『ガンダーラ会報』79号　二〇一九年一〇月）

第四節　入寂と円空入定説

「円空入定説」の始源と展開

円空が亡くなったのは、岐阜県関市池尻・弥勒寺に遺る墓碑銘「當寺中興　（ユ・弥勒菩薩種子）圓空上人（花押）元祿八乙亥天 七月十五日」により、元禄八年（一六九五）七月十五日であることがわかる。そして、円空は生きたまま土中に入り、五六億七千万年後にこの世に現れる弥勒如来を待つという、いわゆる入定をしたということが通説の如くに言われている。

しかしながら、実際には円空が入定をしたという確実な資料があるわけではない。円空について書かれた江戸時代の文献には、「……後美濃の池尻にかへりて、終をとれり。……」（『近世畸人伝』（僧円空・附俊乗）伴蒿蹊　寛政二年（一七九〇）刊）、「……終ニ知二リ死期一ヲ被二テ天賜之袈裟一ヲ端坐合掌メ而入寂ス……」（『淨海雑記』荒子観音寺十八世・全精法印　荒子観音寺蔵　文久三年（一八六三）頃）、「……晩還二　美濃池尻一。入滅。……」（『続日本高僧傳巻第十一』道契　慶応三年（一八六七））となっている。

各書はそれぞれ、「終をとれり」、「入寂」、「入滅」であり、いずれも宗教家の普通の遷化であり、「入定」とはなっていない。

「円空入定説」は、いつから、そしてどのように醸成されてきたのであろうか。円空は、はたして本当に入定したのだろうか。

円空が人口に膾炙されはじめた頃の昭和三十六年（一九六一）に出版された土屋常義『円空の彫刻』には、「……弥勒寺を下って、長良川畔に出ると、円空上人塚があるが、……この附近は円空上人のいきじょうに入った地と伝えられている。上人は死の近づいたことを予覚し、大地の穴に入り、絶食し念仏を唱えて大往生を遂げたということである。……」（注30）とある。

又、同年刊の江原順『円空・人と作品』には、「……元禄八年七月八日と墓碑にきざまれるかれの入寂は、生きながらにしてのことであったといわれ、……生定という自虐的な死に方は、たえず呪咀の焔をふきあげる内心の魔力につかれた円空が、それを抑制して自足に生きようとするもうひとりの老いた僧を、みるにたえなかった結果ではないか。……」（注31）と出ている。

両書とも、「伝えられている」「いわれ」と円空入定について断定はされていないが、書かれている内容からすればほぼ肯定されているようである。只、この説が、どこで誰によって「伝えられている」「いわれ」ているかが書かれていないので、発祥を明確にすることができない。

なお、両書に使われている「いきじょう」「生定」という文言は、その後そうした言い方はないという指摘があり、現在では「入定」が一般的に使われている。

円空が入定したと伝えられる地に建つ碑は、昭和十四年に名古屋の篤志家によって建てられたものだが、「円空上人塚」とあり、「入定」の文字はない。ただ、全く関係の無い所に建碑したと考えるよりも、なんらかの伝承のある地に建てたとする方が自然であろう。それが「円空入定」説であったかどうかの確証はない。

昭和四十三年に出版された五来重『円空佛　境涯と作品』では、「……円空は生きては民俗信仰の実践者であり、伝播者であったが、死んでも民俗信仰のなかに生きつづける。円空は死んでも生きていると信じられる「入定」をみごとにしとげたのだ。……円空は民衆の永遠の幸福をねがって作仏し、民衆の永遠の生命を誓願として入定したのである。……」（注32）と円空が「入定」したと断定している。

昭和四十八年には、岐阜県の円空顕彰会によって、この地に『円空顕彰碑』が建てられ、その碑文には「……円空上人は元禄八年七月十五日、自ら再興した、関市弥勒寺前の川畔で生定に入り、貴い生涯を終った。円空顕彰会々長　土屋常義 述　昭和四十八年十一月十一日建之」と記されている。同年十一月には「円空入定塚」が岐阜県教育委員会から岐阜県重要文化財として指定され、「円空入定」は既成事実と目されるようになっていった。

岐阜県関市洞戸高賀・高賀神社に蔵される歓喜天の台座に「釜且」「入定也」という刻書がある（写真⑨）。又、同社には歌集、硯、錫杖等の円空の遺品が遺されている。これらのことについて、平成二十七年（二〇一五）刊の長谷川公茂『円空の生涯』には「……詠み綴っていた歌集を同社でほぐして、『大般若経』の見返し裏などに貼ったが、これは歌詠みを、元禄5年（一六九二）これで絶つというのではないか。また、愛用の硯・錫杖も高賀に遺したのは巡錫をも中止しようというのか。さらに、歓喜天台座に「釜且、入定也」と刻書している……即身仏への準備のため、一切のものを高賀神社で整理した……即身仏入定のため、およそ3ヶ年を費やし、同年（元禄八年・筆者注）7月13日、弟子円長に「授決集最秘師資相承血脈」を与え、2日後の15日孟蘭盆、自坊前の長良川畔で入定の素懐を遂げる。……」（注33）と、円空は三年前から入定するための千日行に入り、入定の素懐を遂げたという結論が出されている。

⑨ 歓喜天　岐阜県関市洞戸高賀・高賀神社

昭和六十三年に刊行された松原久男『せきの円空』には「……元禄五年五月、再び訪れた高賀神社……密教における災害を除き福を招くという歓喜天を彫って、その台座に「釜且入定也」と印し、最早やこの時に、六十四歳をもって入定を期している。「釜」の字は、容量の單位として用いられ、「六斗四升」の意味で、これに六十四歳を秘していた。……」（注34）と、元禄五年に六四歳で入定することを宣言しているとされている。

円空入定説の検討

前項まで、円空が入定したという前提のもとに論を進めてきた。しかしながら「円空入定」についてはいくつかの疑問点もあげられる。

「入定」ということは、当時において大事件だったのではないかと思われる。現代においても「入定」という言葉は、小説家の関心を引くらしく『円空入定』（祖田浩一　講談社　昭和五十六年）、『小説 円空入定』（小山榮雅　近代文藝社　平成二十一年・二〇〇九）と題した単行本が二冊発刊されている。

両書とも「円空入定」に際しては、多くの村人達が集まった中で行われたという設定になっている。勿論、小説はフィクションであり歴史的事実と同じではないが、「円空入定」が多くの人達の耳目を集めたであろうことは想像に難くない。

しかるに、江戸時代に書かれた何篇かの『円空伝』に、「円空入定」について触れた書がないのは、どうも合点がいかない。又、当該地においても記録、資料は無論のこと、目撃等の書かれた資料が全くないことも疑問である。

「円空入定」説の根拠は、どこから、誰からともわからない伝承である。想定されうる伝承とは思うが、曖昧模糊の一面があることは否定できない。それが、次第に拡大解釈をされていって歴史的事実とされてきてしまった感も否めない。書かれた確実な資料の提示がない限り、「円空入定」説をそのまま認知することは難しい。長谷川氏の「千日行」と、松原氏の「六斗四升・六十四歳入定」は、大変魅力的な説だと思われるが、いずれも円空が入定したということを前提にした論である。筆者はその前提自体を問題にしているので、そのまま受け入れることができない。

「釜且」「入定也」は「……高賀神社の歓喜天……台座に釜且とあり、反対側に入定也とある。この読み方についてはいろいろとあるが、筆者は、釜は且に入定也と読んでいるが、釜とは尻をさし、男色のにおいがするのである。……」(注35)と「男色をやめる」いう解釈もある。

「釜」は「三宝荒神」のことではないかという説もある。水谷早輝子氏の御教示によれば、修験道では、象頭人身の二体が抱擁している歓喜天は、「三宝荒神」(男)と「十一面観音」(女)の化身した姿であるとされる。「十一面観音」(女)が、最も荒ぶる神である「三宝荒神」(男)を優しく抱擁し、慰撫し、禅定に入らせる姿である、というふうに説かれているとお聞きした。円空が彫った歓喜天には、歓喜天自身の種子(ギャク)の他に、「三宝荒神」の種子(ウン)と「十一面観音」の種子(キャ)が書かれていることを思えば、本説も十分な説得力を持つ。この時点において、円空は自分の様々な邪心(釜)を抑え、解脱(入定)した、ということの自覚を示したのかもしれない。

江戸時代に書かれた『円空伝』に「円空入定」の記述がないこと、入定したという周辺に書かれた記録が何も遺っていないことと、「釜且」「入定也」には種々の解釈ができ、「即身仏入定」には幾つかの疑問点があげられる。

さらに加えてもうひとつの疑問は、弥勒寺に遺っている円空が弟子の円長に授与した「授決集最秘師資相承血脈譜」の日付が「元禄八年七月十三日」となっていることである。これは円空入寂の二日前であり、それ以前に相承のための教授の時間も必要であろうし、千日行最終段階である土中にいるはずの円空に、そんなことができるのかという疑念が湧く。

これらの理由から、筆者は円空が入定したと断定することに躊躇している。現時点では、元禄八年七月十五日、「円空入寂」にしておくのが無難のようである。

(『ガンダーラ会報』73号　二〇一八年四月)

注

(注1) 谷口順三『円空』(求龍堂　一九七三年)

(注2) 五来重「野性と庶民宗教の芸術—円空仏」『野性の芸術・円空展』　朝日新聞社　一九八〇年

(注3) 前掲(注2)

(注4) 美並村教育委員会『美並村史』通史編下巻　美並村　一九八四年

(注5) 小島梯次「円空の生誕地考」『円空研究15』　円空学会　一九九二年、「円空の作品と生涯」『円空・木喰展』図録　株式会社アートワン　二〇〇九年、『円空仏入門』　まつお出版　二〇一四年、『円空と木喰』　東京美術　二〇一五年

（注6）岡田正巳「円空在世時の木地師の呼称等について」『円空研究26』円空学会　二〇一〇年
（注7）五来重「円空・木喰の生涯」『日本の美 第2期2集 十一面観音』学習研究社　一九七八年
（注8）谷口順三「円空の出家した年について」『円空学会だより』35号　円空学会　一九八〇年
（注9）谷口順三「鎮魂の観音堂」『円空研究1』人間の科学社　一九七二年
（注10）青山玄「円空造仏の動機について」『円空研究14』円空学会　一九八九年
（注11）長谷川公茂「未来仏を作った円空」『羽島円空展』円空・羽島フェス開催実行委員会　一九八八年
（注12）池田勇次『怨嗟する円空』牧野出版　一九九四年
（注13）後藤英夫「洪水と鎮魂と」『円空学会だより』96号　円空学会　一九九五年
（注14）『法隆寺ハンドブック』法隆寺
（注15）水谷早輝子『円空と修験道』まつお出版　二〇一五年
（注16）五来重「円空の遊行と美並村」『美並村史 通史編 下巻』美並村　一九八〇年
（注17）谷口順三「歓喜院回顧」『円空学会だより』第21号　円空学会　一九七六年
（注18）前掲（注16）
（注19）五来重『微笑仏』淡交新社　一九六六年
（注20）池田勇次『修験僧　円空』惜水社　二〇〇七年
（注21）金子安治『円空・むさしの足音』円空水墨画刊行会　一九七一年
（注22）棚橋一晃「円空筆絵画群」『墨美』墨美社　一九六九年
（注23）前掲（注7）
（注24）前掲（注20）
（注25）成田勝美「越後路における木喰仏群像」『京都府私学研究論集』京都府　一九八五年

（注26）柞木田龍全『修験木喰』　佼成出版社　一九七九年
（注27）前掲（注20）
（注28）柳宗悦『木喰上人』　春秋社　一九七二年
（注29）歌の後の番号は、「財団法人岐阜県教育文化財団　歴史資料館『基礎資料　円空の和歌―一六〇〇余首の全て―』
岐阜県　二〇〇六年」に付された番号・以下同
（注30）土屋常義『円空の彫刻』　造形社　一九六一年
（注31）江原順『円空・人と作品』　三彩社　一九六一年
（注32）五来重『円空佛　境涯と作品』　淡交新社　一九六八年
（注33）長谷川公茂『円空の生涯』　人間の科学新社　二〇一五年
（注34）松原久男『せきの円空』　円空フェア1988実行委員会　一九八八年
（注35）佐藤武「円空仏にみる性的表現について」『円空研究4』　人間の科学社　一九七五年

第二章　円空・信仰の諸相

第一節　円空と神仏

八百万の神・弥勒寺文書

円空中興の寺、岐阜県関市池尻・弥勒寺には、経文の裏に書かれた円空自筆の多くの「円空文書」が遺されている。

その中に神々の名前が書かれた「神名一覧」がある。多くのこれらの神名は、円空が勤行の際に読誦するための覚えだと思われる。

最初に「一心敬礼十方常住清浄法身天神」、「同圓満報身天神」、「同千億化身天」とあり、「南無十一方角（東、東南、南、西南、西、西北、北、東北、上、下、中央）の天神」と続く。（以下、神名の前に全て「南無」がつけられているが省略する。）

次に、『日本書紀』に出る最初の神である「神世七代」の十一柱の神々「国常立尊」、「国狭槌尊」、「豊斟渟尊」、「埿煮尊沙土泥（煮）尊」、「大戸道大戸遍尊」、「垂面惶根尊」、「伊弉諾伊弉冉尊」が書かれ、「天照皇太神」（円空の用字・以下これに従う）、「天忍穂耳神」、「天皇御孫神」、「彦火火出見神」、「鸕鷀草葺不合神」の五柱の神名がある（写真①）。これらの神名が書かれている古典は『日本書紀』である。

続いて日本の代表的な「伊勢両太神宮」、「八幡大菩薩」、「春日大明神」の三神名があり、その後に「富士山浅

① 神名帳・天神と『日本書紀』の神々

② 神名帳・民間信仰の神々と自然神

間大菩薩」(静岡県・山梨県)、「筑波権現」(茨城県)、「日光権現」(栃木県)、「羽黒権現」(山形県)、「鳥海権現」(秋田県・山形県)、「釜臥山神」(北海道)、「内浦山神」(北海道)、「臼嶽神」(北海道)、「岩木権現」(青森県)、「立山権現」(富山県)、「駒嶽権現」(長野県)、「御嶽権現」(長野県・岐阜県)、「乗鞍権現」(長野県・岐阜県)、「白山権現」(石川県・岐阜県)、「伊福権現」(岐阜県・滋賀県)、「愛岩(マヽ)権現」(京都)、「金峯蔵王権現」(奈良県)、「大山権現」(鳥取県)、「阿蘇山権現」(熊本県)、「霧嶋権現」(宮崎県・鹿児島県)、「神嶽権現」(不明)、「天童山神」(不明)、「石鎚権現」(愛媛県)、「南海龍」(不明)、「北山大権現」(不明)、「八百万神」の「日本各地二十四ヶ所の山嶽神名」等が出る。「神嶽権現」、「天童山神」は、書かれている場所からすれば九州か四国地区と思われるが該当する山は見当たらない。「南海龍」は南海の海神、「北山大権現」は北方の山嶽神を、総称的、象徴的に表わしたものかもしれない。

民間信仰の「竈神」が、「法身爨竈神」「報身爨竈神」「千億化身爨竈神」に始まり、「各十一方角の竈神」が書き連ねられている。

「社宮神」も同様であるが、「過去」「現在」「未来」の「社宮神」が加えられる。また、自然神の「草木神」、「美風神」、「花徳神」、「浪水神」、「土公神」、「日天子」、「月天子」、「妙星天子」、「十二神」、「昼夜鎮護神」の神名も挙げられている(写真②)。

さらには、「宇賀神」、「摩訶天神」、「五性玉女」、「伽藍神」、「万山護法神」、「吉祥天女」、「舎宅神」、「功徳天女」、「駄天功徳女」、「福田龍女神」、「鎮守三光天子」の神名が見られる。

円空が崇敬し、書き上げているのは、古典の神、山嶽神、民間信仰の神、自然神、その他諸々の神と日本に坐すほとんどの神々である。それは、あらゆる神々を受容する、日本人の神に対する信仰の形でもあろう。

しかし、これだけ多くの神名が出てくるにもかかわらず、木地師の祖神とされる「大皇大明神」の尊名は出てこない。筆者が、「円空木地師説」に与することができない理由の一つである。

仏教各尊・弥勒寺文書

岐阜県関市池尻・弥勒寺に遺されている円空自筆の経文の裏に書かれた「円空文書」の中に、仏教各尊が書かれている箇所がある。

最初に出る「一心敬礼十方常住清浄法身如来」、「同圓満報身如来」、「同千億化身如来」は、神名の時と同じで、「天神」、「天」が「如来」に変ったただけである。次の「南無十一方角（東、東南、南、南西、西、西北、北、東北、上、下、中央）諸佛」も同様に「天神」が「諸佛」に変っている。（以下、仏名の前に全て「南無」がつけられているが省略する。）

仏尊名の最初は仏教の祖である「本師釈迦牟尼佛」であり、「當來化生無量佛」、「十方分身弥勒佛」、「大聖文殊修利菩薩」、「圓満虚空蔵菩薩」、「大悲観世音菩薩」と続く。次に「不動明王」、「愛染明王」、「毘沙門天王」、「善女龍王」、「辯財天女」、「金剛神」、「大行圓満普賢菩薩摩訶薩」と書かれている。

円空が像として彫っている種類は、挙げられている仏尊よりはるかに多いが、「當來化生無量佛」でその全てを表しているのだろう。この中で「十方分身弥勒佛」が、「本師釈迦牟尼佛」の次に出る仏尊名であり、円空の中で重要な位置を占めていたと思われるが、何故か弥勒像として確認される円空仏は一体もない。

円空が男神として彫った天照皇太神

円空の彫った天照皇太神

円空は神像も仏像も多数彫り遺している。神と仏の混淆は円空の世界であるが、日本の庶民信仰の有り様でもある。円空像はまさに日本人の信仰の具現化といえる。

天照皇太神は、日本の代表的な神である。円空は天照皇太神像を現在の岐阜県、愛知県に二〇体遺している。神像形一二体、仏像形七体、その他一体である。同じ天照皇太神でも、本地仏、像容それぞれ異なっており、円空の造像の多様性を如実に示している。

神像形の天照皇太神

1 郡上市美並町根村・神明神社　幞頭冠　二二・〇cm　棟札「天照皇太神宮　寛文三年癸卯霜月」
2 名古屋市守山区竜泉寺・龍泉寺　幞頭冠　束帯　一〇二・〇cm　背銘「天照皇太神」
3 高山市上宝町蔵柱・田谷神明神社　幞頭冠　三一・〇cm　背銘「天照皇太神」
4 高山市上宝町蔵柱・白山神社　幞頭冠　三四・二cm　背銘「天照皇太神」
5 高山市朝日町青屋・神明神社　幞頭冠　四九・〇cm　背銘「伊勢一宮 天照皇太神」
6 下呂市小坂町坂下・神明神社　烏帽子　四六・三cm　背銘「天照皇太神」
7 高山市奥飛騨温泉郷一重ケ根・神明神社　幞頭冠　三五・〇cm　背銘「伊勢太神宮」

8 高山市上宝町蔵柱・田谷神明神社　幞頭冠　四三・〇cm　背銘「伊勢太神宮」
9 飛騨市宮川町落合・五社神社　幞頭冠　三一・〇cm　背銘「伊勢太神宮」
10 高山市国府町西門前・熊野神社　幞頭冠　二七・〇cm　背銘「伊勢太神宮」
11 下呂市小川・神明神社　烏帽子　二四・〇cm　背銘「伊勢太神宮」
12 郡上市美並町三日市・鹿嶋神社　幞頭冠　二五・〇cm　背銘「作者圓空沙門」　背刻「神明」

日本の神像の形態は、仏像の経軌のような決まりがある訳ではない。神像名は、背銘によって決めている。「天照皇太神」と背銘のある像は七体であり、「伊勢太神宮」が四体、「神明」が一体である。「伊勢太神宮」「神明」は「天照皇太神」のこととしたが、なぜ別名で書かれているのかわからない。尚、郡上市美並町に「内宮」「外宮」と刻された像が各二体ずつあるが、これらの「内宮」「外宮」は、伊勢神宮のことではなく、隣の美濃市・洲原神社内の「内宮」「外宮」と考えられる。

円空は、仏像の三尊形式のように神像を三尊で彫っている（9、10）例もある。その場合、中心は天照皇太神で、左右に白山神と熊野神が配されており、円空は神々の中心に天照皇太神を置いていたことがわかる。

神像形の天照皇太神像で、最も注目されるのはすべての像が男性神として造像されていることである。神像は貴族の姿をモデルにしたといわれるが、男性の貴族が正式の場で被る幞頭冠の像が一〇体（1、2、3、4、5、7、8、9、10、12）、日常に被る烏帽子の像が二体（6、11）である。

円空が初めて彫った像である美並町の天照皇太神像（1）は、顎髭まで彫られている。現在では天照皇太神は女性神ということが通説になっている。何故円空は天照皇太神を男性神として彫ったのだろうか。

仏像形の天照皇太神

1 郡上市美並町黒地・神明社　菩薩形　三五・五cm　棟札「天照皇太神　寛文十季庚戌霜月」
2 稲沢市祖父江町・小祀堂　如来形　四七・五cm　背銘「天照皇太神 両宮の内院」
3 高山市丹生川町森部・荒城川神社　観音　三一・八cm　背銘「本地聖観音　天照皇太神」
4 高山市朝日町浅井・神明神社　虚空蔵　五四・〇cm　背銘「（タラーク）本地虚空蔵　天照皇太神」
5 飛騨市神岡町野首・神明神社　如来形　四二・五cm　背銘「伊勢太神宮」
6 関市藤谷上・白山神社　如来形　二一・七cm　背銘「伊勢太神宮 熊野　白山大権現　金剛童子 護法神」
7 高山市丹生川町・個人　観音　背銘「伊勢両宮太神宮」

仏教が日本に伝来して以来、日本の神々と融合していく過程で、神は仏が姿を変えて現れたという「本地垂迹説」が形成されていった。ところが、これら七体の像は、すべて仏像の形態であるのに、背面には神名が書かれている。神が仏像の姿で現わされており、「本地垂迹説」の逆の「神本仏迹」である。その逆の神像に仏尊名が書かれている例もあるし、神像のほとんどには仏尊を表す梵字が書かれている。

円空の造像の有り様を見てみると、「仏」と「神」はどちらが「本」で、どちらが「迹」ということはなくて、「仏」と「神」は同一体としてとらえているように思える。

天照皇太神を仏像で現わしている像は、如来形が三体（2、5、6）、菩薩形一体（1）、観音二体（3、7）、虚空蔵一体（4）である。

天明三年（一七八三）版の『神佛靈像圖彙』（土佐秀信・画）には、天照皇太神の本地仏は大日如来としているが、円空は様々な仏尊を天照皇太神の本地仏に充てている。

変わった形の天照皇太神

１　関市池尻・白山神社　頭尖　二四・九cm　背銘「[梵字] 天照太神宮」

頭部の尖った変わった姿の背面に「[梵字]（バン・金剛界大日如来）天照太神宮」と墨書のある像がある。本像は仏像形にも神像形にも分類出来ず、背銘に「[梵字] 天照太神宮」となければとても尊名を付けることは出来ない。円空像の中には、本像のように尊名のつけがたい尊容の像が多くある。ある意味、円空の面目躍如と言える像かも知れない。

女性神としての天照皇太神

天照皇太神が女性神という説の淵源はいうまでもなく、『古事記』『日本書紀』である。

『古事記』には、速須佐之男命が高天原の天照皇太神を訪ねる時、「山川悉動み、国土皆震りぬ。」だったので、天照皇太神は「我が国を奪はむト欲ふに耳。」と思い「即ち、御髪を解かして、御美豆羅に纏かし」て速須佐之男命を迎え撃とうとしたという記述がある（注1）。わざわざ男性の髪形である美豆羅にしたというのは男装をしたということで、即ち女性であった、ということになる。

『日本書紀』では、『古事記』の当該場所が、「速須佐之男命」であったのが「素戔嗚尊」に、「御美豆羅」が「髻」にと字面が変わっているだけで、場面も内容もほとんど同じである（注2）。

明治維新により、天皇を中心と考える社会になり、天皇の系譜と事績が最も多く細密に書かれている『古事記』『日本書紀』が、日本史の中心になっていったことは想像に難くない。そしてその中に書かれている天照皇太神が女性神ということが、広範に流布されていったのは、自然の成り行きであろう。こうして、天照皇太神の女性神説は、今日に至るまで、通説の如く語られているのだと思われる。

男性神としての天照皇太神

なぜ円空は天照皇太神を男神像として彫ったのかについての諸説

円空が天照皇太神を男神像として彫った理由についていくつかの論述がある。

「……円空の神像にはいろいろ解せないものがあるが、竜泉寺の「天照皇太神」と、背銘墨書のある神像と、美濃郡上郡美並村根村神明神社の背銘ある天照皇太神像は男神である。……これは円空の造像がかなり恣意独善で、御神体は氏子に見せるものでないから、かなり自由な作り方をしたのではないかと思う。……」（注3）。

「……天照皇太神を男神として表現したのはなぜか。……白山神が明らかに女性神であるイザナミノミコトであるので、さらにアマテラスオオミカミが女性であるのであれば、日本の重要な神々のすべてが女性であることになる。それは代々の天皇が男系である日本社会の現実と矛盾する。それで円空はあえて天照皇太神を男性にしたのではないだろうか。……」（注4）。

「……円空は天照皇太神像を数多く彫っている。これがすべて男神像なのだ。これはアマテラスのことで、今日の日本では誰でも女神であることを知っている。しかし円空の時代に『古事記』や『日本書紀』を簡単に読むことができたとは思えず、天照皇太神は太陽神であり、神の中の神であるというほどの認識でしかなかったと思える。つまり、女神であることを知らなかった。……」（注5）。

筆者は、三論の個々については与し得ないが、ここでは各々についての論評は避け、三論に共通している内容を指摘しておきたい。三論はそれぞれ「恣意独善」、「あえて」、「知らなかった」という言葉を使って、天照皇太神は本来女性神であり、円空が男性神として造像したのは誤りであるとしている論点で一致している。

筆者は、天照皇太神は必ずしも女性神とはいえないと考えている。円空が天照皇太神を男性神として彫ったことは、誤りであるとは思えない。

上山春平氏は、「……私がアマテラスに太上天皇（持統天皇・筆者注）の投影を見出すのは、まず、この神が女性であり、地上の世界とは次元のちがう天上の世界にありながら、その孫のニニギの命（みこと）に地上の統治を命じ、自らは天上よりそれを見守っているという点である。このアマテラスの姿は、文武の後見役としての持統の姿の投影と見ることもできる……」（注6）とされ、文武の皇位継承の優位性の為に、記紀の内容は祖母である持統と義父である藤原不比等の意向が反映されている、という論を展開されている。

上山氏の説に従えば、天照皇太神は女性神にしなければいけないことになる。その正否は別としても、こうした推論が出されること自体、天照皇太神は創作上の神といえるのではないか。

実際にはどのような意図で創作されたのか明白ではないが、少なくとも記紀の記述だけで天照皇太神の存在と女性神であるということの断定は出来ないと思われる。

天照皇太神の男神像説の展開

『ホツマツタヱ』は、「ヲシテ」といわれる独特の文字で書かれた一万行に及ぶ叙事詩で、縄文後期から古墳前期までおよそ千年の歴史が綴られており、紀元前六六八年頃、一章～二八章を櫛甕玉命が神武天皇に献上し、その続きの二九章～四〇章を、その子孫の大直根子命が書き、西暦一二六年にまとめて全四〇章を十二代景行天皇に献上したものとされている。

その中で天照皇太神について「……九十六か月経ったころ、ようやく十分に育ちお生まれになったのがアマテルカミです。二十一スズ百二十五枝　キシヱの年、初日がほのぼのと昇るとき、日の出と同時に皇子はお生まれになりました。……アメミコの御妃を迎える詔を下された。カンミムスビのヤソギネが諸臣と妃選びの審議をした……」（注7）という記述がある。

「アマテルカミ（天照皇太神）」という「皇子」が生まれた、（二八歳になった時）「お妃を迎える」（（　）は筆者）と、天照皇太神を完全に男性として描写している。

『ホツマツタヱ』は、江戸時代の神道家による偽書であるという説が強いが、天照皇太神が男性神であるという背景と雰囲気があったことを思わせる。

また、「江戸初期の伊勢外宮の神官であった度会延経（わたらいのぶつね）は、平安後期に大江匡房により朝廷の公事・儀式について書かれた『江家次第（ごうけしだい）』の記述のなかに、「天照大神のご装束一式」への言及があり、この装束一式が「男性の装束」であるとみて、「之ヲ見レバ、天照大神ハ実ハ男神ノコト明ラカナリ」と結論づけている（『内宮男体考証』『国学弁疑』）。……江戸時代には荻生徂徠・山片蟠桃などから天照大神男神論が言われていた」（注8）ということもある。

金剛證寺の天照皇太神

『円空と瀬織津姫・下』の中に、「……金剛證寺本尊である虚空蔵菩薩の背後には、皇大神宮の小さな祠に天照皇太神の男神像がまつられている。この像は一五センチほどの小像で江戸期をさかのぼる像ではないという。

このたび、金剛證寺のご厚意で拝観させてもらいにうかがったが、あいにく鍵があかず未確認であるものの、この像は円空の彫像である可能性がすこぶる高いと考えている。……」（注9）という記述がある。

そこで筆者は、金剛證寺に確認したところ、円空仏ではないが男神像ということであった。

伊勢神宮の奥の院とされる程に伊勢神宮と密接な関係にある金剛證寺の天照皇太神像が、男神像として祀られていたことは、天照皇太神男神説がかなり濃密に語られていたことを推測させる。

神々の系譜

円空再興の関市・弥勒寺に遺る円空自筆の文書の中に、日本の神々の神統譜がある。記された神々を見ると国常立尊、国狭槌尊、豊斟渟尊の造化三神が最初に書かれ、泥土煮尊・沙土煮尊、大戸之道尊・大苫辺尊、面足尊・惶根尊、伊弉諾尊・伊弉冉尊の造化三神と合わせての天神七代が来て、次に天照皇太神、天忍穂耳尊、瓊瓊杵尊、彦火火出見尊、鸕鷀草葺不合尊の地神五代に連なっている。

これらの神名は、『古事記』ではなく、『日本書紀』に出てくる神々であるが、天照皇太神が女性神と書かれている『日本書記』の内容を円空が把握して、あえて男神像として彫ったとも思われず、神統譜のみを教わったのではないかと考えられる。

それはともかくとして、天神七代のうち「独神」とされる造化三神は実体不明であるが、次の泥土煮尊・沙土煮尊から伊弉諾尊・伊弉冉尊 までの天神四代は明らかに男女ペア、夫婦神と思われる。

問題は地神五代である。二代の天忍穂耳尊には、栲幡千千姫萬命という后がいる。そして三代の瓊瓊杵尊には木花開耶姫、四代・彦火火出見尊には豊玉姫、五代の鸕鷀草葺不合尊には玉依姫という妻がそれぞれいたことが記されている。そして二代以後の神の夫婦からは次代の神の誕生があるという極自然の系譜になっている。

ところが、天照皇太神の子である二代の天忍穂耳尊は、夫婦の間に生まれた子ではなく、天照皇太神と素戔嗚尊との誓約(うけい)の際に生まれたという全く不条理な理由の生誕である。造化三神を別にした神々がすべて夫婦神として登場するなかで、なぜ天照皇太神のみ独神なのだろうか。

女性神とするならば、夫神を登場させても別に不思議ではないと思うが、そうしなかったところに、天照皇太神の秘密が隠されている気がする。

『日本書紀』に書かれる地神五代の中で、実は不合理なのは唯一天照皇太神である。神統譜の内容を円空がどこまで理解していたのかは明白ではない。しかしながら、神統譜だけを見ると、天照皇太神を他の地神四代と区別することは難しい。天照皇太神を他の地神四代と同じ男性神とする方が自然であろう。

（『ガンダーラ会報』82号　二〇二〇年七月）

六道思想・「人道地蔵」「未来地蔵」

愛知県稲沢市池部町の地蔵堂には、五体の円空仏（地蔵菩薩三体（四四・五cm　二二・四cm　二二・二cm）及び観音菩薩（二九・一cm）勢至菩薩（二八・三cm））が安置されている。観音菩薩、勢至菩薩の本尊たる阿弥陀如来もかつて祀られていた由であるが、どこかへ遷座されてしまって今は行方不明である。地蔵菩薩三体

（写真①）は、像高から三尊形式で彫られていることが考えられる。

両脇侍と思われる地蔵菩薩像の背面には「人道地蔵」「未来地蔵」という変わった尊名が墨書されている。共に仏教辞典には見当たらない尊名で、円空命名と思われるが、その意味するところは明確ではなかった。

偶々、地蔵は六道輪廻をする衆生を救うという観点から、「人道地蔵」は、六道（天・人・修羅・畜生・餓鬼・地獄）のうちの（人道）を示す語ではないかと思い至った。六道の各々の衆生を救う為に配されているの

未来地蔵　　地蔵　　人道地蔵
①　稲沢市池部町・地蔵堂

が、六地蔵である。円空が六地蔵信仰を持っていたことは、愛知県津島市天王通・地蔵堂の千体地蔵によって証することができる。千体地蔵は、昭和三十八年（一九六三）の発見当時、三分の一程度が崩れており、又その他の像も脱落しそうとのことで、昭和四十二年に全部の小地蔵を取りはずして改めてつけ直したものであるが、付け変える時に適宜に付けていったということで、原形とは違ったものになってしまった。従って現在のお姿からは解せないが、発見当初の写真をみると、中央の地蔵尊の足許には、他の像と彫りが違う衣服を着た地蔵菩薩が五体あり、さらにもう一体分のスペースもある。これは明らかに、六体の地蔵すなわち六地蔵を彫っているといえる。

稲沢市・地蔵堂の「人道地蔵」が、六道のうち現在の人間界（人道）の衆生を救う為の地蔵を示すものとすると、もう一体の「未来地蔵」は、（未来）に生まれ変わる五道の為の地蔵として丁度良い尊名であろう。まさに円空は、六地蔵を二体で現わしており、円空の独創性が遺憾なく発揮されている。

（『円空学会だより』117号　二〇〇〇年十月）

北斗七星信仰・鉈薬師の十二神将

名古屋市千種区・鉈薬師に祀られている十二神将（図①②）は、二体ずつが同一様式によって造像されている、ということを以前に書いた（注10）。

要点だけを繰り返させて頂くと、子像と午像は全く同形態で、持っている斧の向きが違うだけである。丑像・亥像は共に雲様の紋様が施されており、形態はこれも向きが違うだけで同じである。寅像と戌像の持物は両方が鋸であり、卯像と酉像の両像だけが宝棒を持っている。辰像と申像は、共に逆立った髪で人間離れした容貌である。巳像、未像は両像共弓を持っているというものである。

このように、円空はあきらかに、意識して二体ずつを対にして造像している。そして、こうした形式の意図を、筆者は主として形態的統一の面から論考し、信仰内容を意識しながらも、明確な判断を下し得なかった。

この小論に関して熊崎昭代氏よりお手紙を頂いた。それは、鉈薬師の十二神将像が二体ずつ対になっていることの、信仰上の理由についてのものだった。

『……先日『行動と文化』18号の「鉈薬師の円空仏」を読ませて頂きました。その中の十二神将の事を書いておられる所に、各々の像には個性が持たせてあり、ある像にある像が対称的に彫られている、との文章にひかれ鉈薬師十二神将の写真をコピーして子~亥迄1と⑴、2と⑵という風に並べて眺めてみました。

1と⑴は子と午—貪狼星・破軍星　2と⑵は丑と亥—巨門星　3と⑶は寅と戌—禄存星

4と⑷は卯と酉—文曲星　5と⑸は辰と申—廉貞星　6と⑹は巳と未—武曲星

北斗七星の本命星が表されている事が解り感激しました。「……像種の構成においても、円空が考えた信仰の統一された世界の中に成り立っているのではないか」と書かれている意味の一端をほんの少しのぞいた様に思いました……』

熊沢氏の御指摘により鉈薬師の十二神将が二体ずつ対になっているのは、様式の構成上からだけではなく、北斗七星の信仰に基づいたものであることが想定される。

① 鉈薬師の十二神将

② 鉈薬師の十二神将

天台密教には、陰陽道の影響をうけ、「北斗七星は人の一生を司り、七星のうちのひとつが本命星として選ばれる」(注11)という信仰がある。

鉈薬師の十二神将造像に際して、円空は、北斗七星の信仰までも包摂していたことが推定される。このことは、各地に遺された群像は、統一された信仰に基づいて造像された可能性を高める。更には、円空が生涯に亘って造像した夥しい数の神仏像は、すべてが円空の描いた信仰世界の中に位置づけられることが推測される。

(『円空学会だより』120号　二〇〇一年七月)

降雨祈祷・七歳使者現玉

岐阜県関市洞戸高賀・高賀神社に、懸仏の丸板がある。仏像は失われているが、丸板の表面に円空自筆で

「卯月十一日　八大龍現降雨　大般若讀誦時」

裏面には

「七歳使者現玉　元禄五壬申年卯月十一日　此霊神成龍天上　一時過大雨降　大龍形三尺餘在　此不可思議　圓空(花押)大般若真讀誦時也」

とある。

「大般若経を真読誦していた時に、七歳の使者が現れ、三尺余の大龍に成り、大雨を降らせた」という円空

の実体験を書いたものと思われる。

円空が雨乞いの祈祷をしていた時のことと考えられ、円空が元禄五年（一六九二）六一歳の時に高賀神社にいたことがわかることも貴重であるが、大般若経の功徳と円空の験力を示すものとして関心が持たれる。

文の内容から、降雨を齎せたのは「七歳の使者」であることがわかる。この「七歳使者」は、「龍」との関連から『法華経』「堤婆達多品 十二」の「……娑竭羅竜王の女は、年、始めて八歳なり。智慧は利根にして、善く衆生の諸根の行業を知り、陀羅尼を得、諸仏の説きし所の甚深の秘蔵を悉く能く受持し、……竜女の、忽然の間に変じて男子と成り、菩薩の行を具して……宝蓮華に坐して、等正覚を成じ、三十二相・八十種好あり……」（『法華経』（中）坂本幸男 岩本裕 岩波書店 昭五六）と出る「八歳龍女」のことが連想される。

ところが、円空の書いているのは「七歳使者」であって年齢が違う。このことについて小瀬洋喜氏は「……大般若経を真読誦している時に龍になったことからは龍女の八歳の娘が男子となり成仏したという女人成仏とも考えられるが、七歳は円空の記憶違いであろうか。……」（注12）とされている。

ところで、曹洞宗の『修證義』「第四章 発願利生」の中に「……菩提心を発すというは……其形陋しというとも此心を発せば已に一切衆生の導師なり、設い七歳の女流なりとも即ち四衆の導師なり、衆生の慈父なり、男女を論ずること勿れ、此れ佛道極妙の法則なり。……」（注13）とある。

『修證義』は、道元の『正法眼蔵』の抜粋を在家信者向けに、大内青巒師が明治中頃に纏めたものとされる。

この部分は、『正法眼蔵』七十五巻本の「第二十八 礼拝得髄」に「……佛法を修行し、佛法を道取せんは、たとひ七歳の女流なりとも、すなはち四衆の導師なり、衆生の慈父なり。たとへば竜女成仏のごとし。供養恭敬せんこと、諸仏如来にひとしかるべし。これすなはち仏道の古儀なり。……」（注14）と出ている。

『正法眼蔵』の「たとへば龍女成佛のごとし。」は、『法華経』の「八歳龍女」のことを反映していると思われる。しかしこれは、「七歳の女流」の一例としてあげられているのであり、「七歳の女流」が「龍女」と同じといっている訳ではない。

一般的に『修證義』の「其形陋し」は（畜生）、「七歳の女流」は（幼い女性）というふうに訳されている。『法華経』の「堤婆達多品 十二」は「悪人成仏」と「女人成仏」を説いており、観音の功徳を説いた「観世音菩薩普門品 二十五」と共に最も重要な「品」とされる。

道元、大内晴巒師が、『法華経』の内容を勘違いしたということは考え難い。そうであるならば、この部分は別の表現、所伝であったことを思わせる。

円空が、『法華経』を常に携帯し、読誦していたことは、弥勒寺に遺されている円空愛用の『法華経』から想定できる。

もし円空が「七歳使者」を「八歳龍女」のこととするならば、なぜ最初から「八歳龍女現玉」と書かなかったのかという疑問がのこる。円空は、「七歳使者」は「霊神」であり、「龍」に「成」ったと書いている。「八歳龍女」は、「龍」から「仏」に「成」ったのであるから現象的には逆である。

「七歳使者」は『正法眼蔵』の例の如く、そのまま「七歳使者」である「霊神」としたほうがよいのではないだろうか。

円空の前に現れた「七歳使者」は果たしてどのような姿だったのだろうか。「龍」に成る「霊神」とはいかなる神であろうか。

（『円空学会だより』153号 二〇〇九年十月）

第二節　円空と山岳信仰

円空と富士山

寛政二年（一七九〇）刊の伴蒿蹊著『近世畸人伝』（僧円空・附俊乗）に「……稚きより出家し、某の寺にありしが、廿三にて遁れ出、富士山に籠り、又加賀白山にこもる。……」という記載がある。又、名古屋市中川区荒子町の荒子観音寺蔵『浄海雑記』（荒子観音寺十八世・全精法印　文久三年（一八六三）頃）には「……自ラ發下シ彫二刻スル十二万ノ佛軀一ヲ之大願上ヲ矣他時レ登二リ富士山一ニ而祈二誓ス夙願満足セン事ヲ於社前一ニ少アテ焉社頭鳴動シ権現親授二ク一箇鉈一ヲ上人受レ之下山シ随レテ縁ニ託レシ身ヲ彫二刻スル事佛像一ヲ一二旬于此一三二旬于彼一……」の記述がある。

岐阜県関市池尻・弥勒寺に蔵される、法華経の裏面に円空が書いた全国の山嶽神名一覧の最初は「富士山浅間大菩薩」である。円空は富士山神像を五体造像しており、富士山の歌五首を詠んでいる。

ところで、令和三年（二〇二一）一月十六日に、ＮＨＫ ＥＴＶ特集「円空 仏像に封印された謎」が放映され、その中で静岡市葵区・建穂寺から円空像（一〇・二㎝）が新発見され、様式から寛文三年（一六六三）以前の作と考えられ、円空の富士山伝承が真実味を帯びてきたという紹介がされた。そして、円空の富士山伝説が単なる伝承ではなく、円空の仏像を作り出した動機、信仰を考えるうえで非常に重要であり今後の研究課題である、というコメントが付された。

　筆者は実物を拝していないので像容全体についての詳述は控えるが、映像の背面刻線から考えて、寛文三年以前の円空像とはとても思えない。寛文三年～五年（一六六三～一六六五）の円空の極初期像は四二体（神像二二体、仏像二〇体）あるが、仏像の背面刻線はすべて一〇本内外あり、首部から台座まで背中全体に連なっている。静岡の新発見像のように背中の中央に短い曲線が三本だけという極初期像は一体もない。又、極初期像は後頭部の髪の毛を細かく刻線で表しているのも特徴であるが、静岡像は全く彫刻が施されていない。極初期像とはあまりにも違う背面処理からは、静岡像から極初期像への連なりが全く考えられない。因みに新円空像の背中中央に刻される三本の曲線は、寛文十年以後の像に多く見られる。

　静岡の新発見像は、わずか一〇・二㎝の小像一体のみであり、移座された像かも知れず、この像だけで円空の富士山修行を論ずるのは難しいように思う。『近世畸人伝』は円空没九十五年後、『浄海雑記』は百六十八年後の著述であり、両書とも多分に脚色されていることは否めない。

　『浄海雑記』には「……於レ是上人ノ徳音遂ニ達二シ於天聴一ニ詔リメ賜二上人号及錦繍乃袈裟一ヲ……」と俄には信じ難い逸話を載せている。

　円空の富士山を詠んだ歌が四首ある。

　　人知らぬ思ひをけさはするかなる冨士御山に心かけぬる　一七八

春　かけなから冨士の御山再拝春の用井の弥大多賀　四〇五

井　足からや冨士の御山の関までも安くも越る鳥空（そら）かも　五一一

（虫）冨士のお山の月なれや是そ誠の移し（虫）　七一〇

一七八、四〇五は、あるいはかっての富士山での修行を詠んだことを偲んだ歌かもしれないと憶測されるが、勿論断定はできない。五一一は、静岡県駿東郡小山町と神奈川県南足柄市の両所に跨る足柄山の足柄峠からの富士山の眺望を詠んだ歌と思われる。七一〇は、富士山から見た月か、富士に掛かる月を詠んだものか判断が難しい。

富士山を描いた円空の絵が四枚ある（一枚は烏有に帰している）。四枚の絵は、ともに富士山頂上から噴煙を上げている図である。円空在世時、富士山の噴火は記録されておらず、噴火が記録されるのは円空没十二年後の宝永四年（一七〇七）のことであり、はたして円空は噴煙を上げている富士山を実見したのか、あるいは想像のもとに描いたのかを巡って従来議論されてきた。

五一一の歌に出てくる「足から」の足柄峠には、現在関所跡があり、現地へ赴かなければこのことはわからないことである。ここからは富士の全体を見ることが出来、その眺望は素晴らしい。円空が当地を訪れ、富士山を愛でたことは想像に難くない。本歌のすぐ後に

冬雲や箱根の関をへたつとも　あくる春には花とこそみれ　五一二

という歌があり、さらに三首後には

染もせて君か藤布衣かな角田の川袖ぬらすも　五一四

の歌が詠まれている。足から（関所跡・静岡県駿東郡小山町足柄峠）―箱根の関（神奈川県足柄下郡箱根町）―角田の川（隅田川・東京都）という道筋からいえば、円空が関東へ向かった時のことと考えられる。その時期は、関東での円空の足跡から鑑みて、延宝八年（一六八〇）頃が考えられる。

『小堀遠州侯東海道紀行』は、江戸幕府の作事奉行であった小堀政一（遠州）が、職務で江戸から丹波福知

山へ赴いた時の、元和七年（一六二一）九月二十二日から十月四日までの道中記であるが、その中の九月廿五日の項に、富士山を見て書かれた箇所がある。

「……又山のいたゝきより煙のたつを見て寄富士思といふこゝろを

我おもひいさくらへ見むふしのねの煙はたえぬ暇やあらなむ

此寄ゆめを見し事のこゝろにやあらむ……」

この記述により、元和七年に富士山から噴煙が上がっていたことは疑う余地はない。そしてこの噴煙は宝永四年（一七〇七）の富士山大噴火につながっているのだろう。そうだとすれば、延宝八年頃に円空が噴煙を上げる富士山を眺めたことは、十分に想定される。円空は、実際に噴煙を上げる富士を見て、それを絵に描いたのだと考えられる。したがって、円空の絵四枚はすべて遠景描写といえる。円空の絵からは、富士山での修行の直接の資料にはなり得ない。

以上述べてきたように、円空の富士山における修行に関する確実な資料を示すことは出来ない。円空の富士山での修行は、現時点では可能性の推定に留めたい。

伊吹山と円空

ケボロイ窟の観音像「伊吹山平等岩僧内」

北海道伊達市有珠町・善光寺に安置されている観音像は、昭和五十二年（一九七七）に善光寺へ遷座されるまで洞爺湖中の島観音堂に祀られていた。背面に「うすおく乃いん小嶋　江州伊吹山平等岩僧内　寛文六年丙午七月廿八日　始山登　圓空（花押）」という刻書があることで知られている。

本像は元々洞爺湖中の島観音堂にあった訳ではなく、虻田郡豊浦町礼文華のケボロヰ窟に、他の四体の像と共に祀られていたと菅江真澄（以下真澄と略す）が書いている（『蝦夷廻手布利』寛政三年（一七九一）（注15））。

ケボロヰ窟は、洞爺湖より西南西三十㎞程の海岸にある。大変に不便な場所であり、現在でも直接そこへ行く道は通っていない。海路を船でいくか、陸路ならば海岸までの断崖を三十分ほどかけて下らねばならない。勿論先導者がいなければ到底わからない道筋である。真澄がケボロヰ窟を船で訪れた時、そこにはアイヌの人達が住んでいたと記しているから、円空が訪れた時もアイヌの人達の集落だっただろう。

ケボロヰ窟の像は、寛政十一年に松田伝十郎によって、像の背面に書かれていた各々の地へ送り届けられた（『北夷談』）。本像は「うすおく乃いん小嶋」（有珠奥の院小嶋）により、有珠善光寺の奥の院である洞爺湖中の島へ送られたと考えられる。円空作仏より百三十三年後である。

背銘中の「伊吹山平等岩」は、伊吹山南面の八合目辺りにある大岩盤（滋賀県米原市）である。伊吹山は『古事記』『日本書紀』に伊吹山の神によって日本武尊が命を落とした山として名前が見られ、平安時代に沙門三修が山中で終生修行を行い、伊吹山寺（観音寺、弥高寺、太平寺、長尾寺）を開いたことで知られている。中世には、六合目以上は女人禁制の修験の山であったとされている。円空が「伊吹山平等岩僧内」と書くからには、江戸期の当時は修行者集団がいたことを想起させるが、そのことを詳しく知らしめる資料は遺されていない。円空は「伊福山法ノ泉の湧出る水汲玉ノ神かとそ思ふ　六一二」と歌に詠んで、伊吹山に対して並々ならぬ敬意を寄せている。

淡海（近江）の国の円空

真澄はケボロヰ窟へ行く二年前の寛政元年に、久遠郡せたな町の太田権現で円空仏に出会ったことを「……斧作りの仏、堂のうちにいと多くた、せ給ふは、淡海（近江）の国の円空といふほうしのこもりて、をこなひのいとまに、あらゆる仏を造りをさめ……」（『蝦夷喧辞辯』（注16））と記している。太田権現にあった像が果たして円空仏であったかどうかについて筆者は疑問を持っているが、それはともかくとして真澄が北海道で初めて出会った像の作者に「淡海（近江）の国の円空」という名前を出している。

「淡海の国」は、礼文華窟で彫られた観音菩薩像の背刻「江州伊吹山平等岩僧内　圓空」を連想させる。しかし真澄が礼文華窟へ行ったのは、太田権現を訪ねてから二年後の寛政三年六月七日のことであり、この時点では先程の背銘は知らなかったはずである。

さらに言えば、真澄は前年に記した津軽義経寺での円空見聞録の中で、「……越前の国足羽なにがしという人……足羽がもとより出たりける円空といふすけ……」（『卒土か浜つたひ』天明八年（一七八八）（注17））と、円空を福井県出身の如く書きとめている。福井県出身説は、義経寺に伝わる伝承を書いたものだと思われるが、次に書く太田権現での円空の記事に突如「淡海の国の円空」が登場するのである。

当時、太田権現の仏像は「淡海の国の円空が彫った像」という伝承があったのだろうと考えるのが最も自然と思われる。『福山秘府』中に「神体円空作」と記される所が北海道には二十五ヶ所もあるように、江戸期において北海道では「円空」という名前と「円空作仏像」は、かなり広汎に知られていたと考えられるからである。「淡海の国」は、礼文華窟の「江州伊吹山平等岩僧内」と同根で、円空自身が北海道の各地で「伊吹山平等岩僧内」と名告っていたことを示しており、それが「淡海の国の円空」として伝承されてきたものと思われる。

真澄は旅の途次、どこかでその伝承を聞いたのであろう。真澄が記す中に「……小鍋、木枕、火うちけなど岩むろのおくにありけるは、夜こもりの人のためとか……」とあるのは、この洞窟で修行する人たちが何人もいたことを推定させる。又「ことすぎやう者も」の部分はそのうちの一人の例を示している。円空がこの洞窟で修行したのは、真澄が訪れた時より百二十余年も前のことである。その間には、非常に多くの人達がこの洞窟で修行したことが想定される。しかし真澄の記載の中で人物名がでてくるのは「円空」唯一人である。当地での「円空」の影響の大きさが推定され、円空がカリスマ性の高い人物であったことを思わせる。

かつて北海道で円空は「近江の国」の人とされていたようで、円空の「伊吹山平等岩僧内」に対する思いが、いかに大きかったかが推し量られる。


（「北海道の円空仏」『行動と文化』15号　一九八八年十一月より抜粋）

円空と太田権現

北海道久遠郡せたな町に聳える標高四八五メートルの太田山の七合目付近にある太田権現の窟内には、現在円空仏が祀られている訳ではないが、かつては多数の円空作像があったということを、菅江真澄の『蝦夷喧辞辯』寛政元年四月三十日の項に、記されている。

真澄のこの見聞記により、当時の太田権現の有様が実によくわかる。洞窟のある断崖を登るために「くろがねのつかり」がかけてあり、それを「ちからにたぐりのぼれば」とあるのは、現在鉄の輪をたよりに登っていくのと大差はなかった様子である。洞窟の中には「堂」があって「斧作りの仏」が「堂のうちにいと多く」立っており、又窟内の「岩のうつぼ（洞）」にも「円空が作れる仏のみかたしろ」があったことがわかる。

ただ、真澄は太田権現に祀られていた像が、どうして円空の作だと判ったのだろうかという疑問が湧く。真澄の見聞録によれば、彼はこの時の前年に、はじめて「円空」という名前に出会っている。真澄は『率土が浜つたひ』の天明八年七月十一日の記に、津軽半島の東津軽郡外ケ浜町・義経寺に伝わる円空伝説を記している。ただしここでは「いまは住僧のほか、さらに拝み奉りし人もあらじ」と記しているように、円空仏は秘仏とされており、拝し得なかったはずである。

従って太田権現で初めて円空仏にまみえることになるのだが、真澄は太田権現に祀られていた多くの仏像を、何の疑念もなく円空作であると記している。太田権現にのこされていた像に「円空作」の背銘があったのであろうか。しかし真澄は、礼文華窟、善光寺の円空仏を拝した折には凡帳面に背銘を記していることを考えると、太田権現の像に背銘があった可能性は少ない。当時北海道では「円空」と「円空仏」は広汎に知られていたことが推定され、真澄はそのことから連想したのではないかとも思われる。

また、真澄の文中に「あらゆる仏をつくりおさめ」と記されていることであるが、文意からは如来、菩薩、明王、天部と、幾種類もの像が太田権現に祀られていた印象をうける。しかし、円空が北海道で彫った像は、現存する像から考えれば大部分が観音像であり、それ程多くの種類を彫っていたとは思えない。

平成二十一年（二〇〇九）、木喰の弟子である白道の自伝『木食白導一代記』の翻刻と論考が出された（注18）。この自伝は従来その存在は知られていたが、内容は固く秘されたままであった。本書は北海道滞在の事項がかなりの部分を占めるが、筆者の関心をひくのは太田権現についての記述である。白道は太田権現に行った時の様子を「……わけ入る道もあやなくて、嶮岨しき岩屋の御仏は弥陀・釈迦・不動の石體なり。……」と記している。

白道は安永七年（一七七八）に太田権現を訪れたと考えられ、真澄は寛政元年である。一方は「弥陀・釈迦・不動の石體」であり、十一年後には「いと多く」の「斧作りの仏」になっており、両書が記す太田権現の像はあまりにも違っている。

白道にとって太田権現は重要な位置を占めていることが全体の文から窺え、「いと多く」の「斧作りの仏」を「弥陀・釈迦・不動の石體」と間違えるとは思えない。両書を信ずる限りにおいては、「いと多く」の「斧作りの仏」は安永七年以後に造像されたことになり、円空作ではないということになってしまう。

真澄が書く「太田権現の円空仏」は、疑問とせざるを得ない。

（「北海道の円空仏」『行動と文化』15号 一九八八年十月より抜粋）

白山信仰

白山神像

円空の神像の中で、背銘等で白山神と特定できる像が五十一体あり、神名がわかる神像の内で一番多い。背銘がなく白山神社に祀られている神仏像も数多く、これらの像も白山神として作像された可能性が高い。又、背銘の書かれていない神像は一四〇体余あり、この中にも白山神として造像された像が多くあると思われる。

白山は、二七〇二mの御前峰を主峰とした霊山であり、養老元年（七一七）泰澄によって開かれたと言われる。円空が造像を始めた頃、円空を庇護したのは、当時岐阜県郡上市美並町で神主をしていた西神頭彦太夫であったことが知られている。そしてこの西神頭家の始祖が、白山開基の泰澄の弟である三神安定であるということが西神頭家に伝わる由緒書に記されている。円空の白山信仰への傾倒は、西神頭彦太夫の影響が考えられる。

白山三峰に坐す白山三神の本地仏は、御前峰が十一面観音であり、大汝峰は阿弥陀、別山は聖観音とされる。円空の最初の造像は、寛文三年三二歳の時であるが、その頃の様式をもつ白山本地仏の十一面、阿弥陀、聖観音が、郡上市美並町・白山神社に安置されている。以後円空は、終生にわたってこの三尊を各地に多数遺している。

背面に「白山本地」という墨書のある聖観音二体が愛知県あま市七宝町・個人宅に、また愛知県知多市日長・瑞光寺には十一面観音が祀られている。円空像は、聖観音が一番多く二四〇〇余体あり、十一面観音は七一体を数え、両尊で円空像全体の四割強をしめる。単独で祀られる聖観音と十一面観音も、白山との関連も考えられ、円空が白山に対して並々ならぬ信仰を持っていたことが推し量られる。

円空の白山神像は全国各地に祀られているが、白山及びその周辺の円空像は極めて少ない。白山周辺の集落住民のほとんどが真宗門徒ということなので、円空が仏像を彫り遺す環境でなかったのかもしれない。福井県、石川県の白山周辺には円空仏の存在はなく、白山美濃馬場のある岐阜県郡上市白鳥町内の長滝・長瀧寺阿名院旧蔵の十一面観音に加えてわずか五体（野添・個人　薬師三六・七cm・釈迦二八・七cm、同・個人　薬師二八・七cm、石徹白・個人　観音一〇・五cm、中西・三輪神社　不動四五・〇cm）が遺されているだけである。

長瀧寺阿名院旧蔵の十一面観音は、背面に円空筆ではないが「奉建立十一面観音尊像六根具足祈処　寛文十二壬子　五月下旬　施主　阿名院住　宗海法師　敬白　長瀧村　木取　久右エ門　禰宜」（一六七二）の墨書が認められる。また、白山美濃禅定道にある郡上市白鳥町石徹白の個人宅の観音の背面に書かれた「（ウ・最勝の）（サ・観音）（カーンマン・不動明王）（ベイシラマンダヤ・毘沙門天）（シリー・吉祥）」という梵字の配列から後期の像であることがわかる。長瀧寺阿名院旧蔵の像（前期作）と合わせて、円空は二回の白山登拝をしたことは実証される。

円空の詠んだ白山の和歌

円空の白山神に対する崇敬の念を示す「白山」を詠んだ歌が多数ある。「白山」、「しら山」、「白ら山」と白山の歌を八首詠っている。又、白山のことではないかと思われる歌を、「越し御山」、「越しの御山」、「越路の山」、「越しの山」、「こししの山」、「こしの山」、「越の御山」、「越の山」と十二首詠っている（三五二は「白山」の詠み込み歌と重複）。

この中の「こしの山」（五〇二・七二六）、「越の御山」（五八七）「越の山」（一四〇三）の四首は、富山県の「立山」ではないかという論が出されている（注19）。それを除いても「白山（越路の山）」の歌は十五首あり、円空の白山に対する強い想いが感じられる。

〈「白山」を詠み込んだ和歌・八首〉

冬　白山や越路の山の草枕袖打払ふ雪かとそみる　三五二
　しら山や法の巳の日神なれやぬさと手向くる榊葉も哉　三六〇
　しら山や神御行ハ朝事に手向ぬさのきょうのかす〱　三六三
◯　白ら山や神ノ形は小児なれや白馬ニ乗て弓矢持つ、　三九六
　（虫）白山やこししのたひに　（虫）　五九〇
☽　白山や神の御形の馬なる賀口とり上て笑在す　六一八
秋　白山や小児の御神の持ち来（クル）る雪ふり袖の今日厂ね　七三二
土　白ら山や洲原立花引結ふ三世の仏の玉かとそおもふ　一四四二

〈こし「越」「し」「路」「(御)山」を詠み込んだ和歌・十二首〉

☽　立花や法道路の喜に越し御山の神かとそ念ふ　二三〇

⬠　現る越しの御山神ならは見る度事に喜そ増(マス)　三四六

冬　白山や越路の山の草枕袖打払ふ雪かとそみる　三五二

⬭　こしの山十越(トコエ)○ノ鳫もいさむらん浮世中は笑計に　五〇二

⬠　法のみち告て花見に来るらん越の御山の神使賀　五八七

(虫)　かりかねの越路の山の草枕袖打払ふ雪かとそみる　六〇一

こしの山人　（虫）　七二六

井　八百万つ是は越しの山成に出涌の嶽の神かとそおもふ　七八五

清く共神の行き来は打払こししの山にかゝる白雲　九九六

佳　大比叡や越しの山の形移せ客人守レ鳥の神　一〇四七

土　打渡る作る越しのかこはしや只ひとすしに渡る厂かね　一〇六〇

佳　罪共に消ても行か越の山雪降袖の花そ散ける　一四〇三

白山神詫

郡上市美並町・愛宕社の不動明王背面に次の様な墨書がある。

「白山神詫曰

是在廟　即世尊　千完瀧　圓空　延宝七己未暦六月十五日」

「白山神詫曰」の「詫」は従来「託」の誤りとされてきた。しかし、応長元年（一三一一）から貞和四年（一三四八）にかけて天台宗の僧光宗が書いた『渓嵐拾葉集』を初めとして、江戸時代以前に書かれた多くの文献（注20）には、「託宣」は「詫宣」と書かれている。したがって、「詫」は決して円空が誤っていたのではなく、通常使われていた文字を書いたものだということになる。

「白山神」が円空に「詫」した内容であるが、「是在廟」の「是」は「詫」が書いてある所すなわち（円空像）と考えられる。「廟」は（仏の住む所）であり、「即世尊」の「世尊」は（仏）と解される。

崇敬する白山神から、「あなたの彫る像は、仏そのものである」という託宣を受けたということであり、円空は余程感激したのだろう、この神託は本像を加えて四体もの像（美並町杉原・熊野神社の十一面観音と同社社務所の不動明王、同市八幡町千虎・不動堂の不動明王）に書かれている。

この神託を受けた延宝七年を境に、円空の造像の有り様は大きな変化をしている。円空が像背面に書く後頭部の梵字が（イ・文首記号）から（ウ・最勝の）に変っていき、背面全体に書かれる梵字が「金剛界五仏種子」から「胎蔵界大日如来三種真言」（ アバンランカンケン 胎蔵界大日如来法身真言）（ アビラウンケン 胎蔵界大日如来報身真言）（ アラハシャナウ）（胎蔵界大日如来応身真言）に変っていく。（但し円空が書く（胎蔵界大日如来応身真言）は、（ハ）が

（バ）に、（ナゥ）が（キャ）になっている。）

後頭部に梵字（イ・文首記号）が書かれているのは、前期の寛文時代および延宝七年までの作と考えられる円空像に多い。延宝七年作の岐阜県羽島市上中町・中観音堂の護法神は、後頭部にがあり、右肩部にがある。延宝八年作と考えられる埼玉県春日部市小渕・観音院の蔵王権現は後頭部にがあり、左肩部にがある。後年の貞享、元禄時代の像の後頭部はおしなべてである。

は梵文の文首に書かれるが、という梵字はない。を梵字（ウ）の変形とし（最勝の）という意味を唱えられたのは谷口順三氏であり（注21）、筆者もこの説をとっている。

円空が像を彫り、開眼した時点で、その像は円空以上の存在になる。円空が彫ったのは神仏像であり、多くの人々が拝む対象であり、それは（最勝）でなければならない筈である。まして崇拝する白山神から「あなたの彫る像は、真の仏である」という託宣を受けており、円空が自己の彫った像に（最勝の）と書くのは至極当然のように思える。

また、円空が像背面に書く梵字は延宝七年以後「大日三種真言」が主流になっていく。円空が書いた梵字の推移からいえば、延宝七年に円空の信仰内容には大きな変化がみられる。ところが信仰内容の変化にかゝわらず、この時から円空仏の像容が大きく変わったということはない。これは延宝二年の「円空様式」の確立という造像とどのような関連を持つのだろうか。勿論一般的に作品とその作者の内面とは必ずしも一致するものではない。しかしそれよりも、すでに確立した造形上の確信の継続の中で、円空は信仰の深化をしたものと考えたい。そして、各地に現存する夥しい数の円空仏のあり様から考えれば、この頃から円空は、極めて多くの仏像を、非常に多数の人々に、彫り与えるようになっていったことが指摘できる。延宝七年の信仰の深化による円空の造像上の変化は、様式上の変容ではなくて、造像の有り様の変化といえる。自己の為の造像「自利」から、他者の為の造像「他利」へと主願が変わったのであり、これを「上求菩提」の為の造像から「下化衆生」の造像への転換と考えている。

大峰山と円空

大峰山の円空仏

奈良県吉野郡天川村は、紀伊半島のほぼ中央に位置し、村の東側を近畿の屋根といわれる大峰山脈が連なり、近畿地方で最も高所の村である。村の中央に大峰山系を水源とする天ノ川が東西に流れている。大峰山系は、奈良時代に役小角（役行者）が開いたとされ、日本の山岳宗教の発祥の地であり、日本の修験道の中心である。

天川村は大峰山系の一つの登山口になっている。円空も恐らくは大峰抖擻を目指したものであろうか、大峰山系の中心山上ヶ岳（一七二〇ｍ）頂上の大峯山寺に阿弥陀如来像を遺している。本像の造像年代は、奈良県郡山市の松尾寺にある役行者像背面の「延賓三乙卯九月於大峯　圓空造之」という墨書と様式上の観点から、延宝三年の時の作と思われる。

天川村には、大峯山寺の阿弥陀如来を含めて七ヶ所一六体の円空仏が遺されており、その内の栃尾観音堂に安置される聖観音の像内納入紙片に「寛文□年」（□は紙片消失）とある。円空は寛文十一年（一六七一）三月二十八日には岐阜県美濃加茂市廿屋（個人蔵　馬頭観音の棟札による）、七月十五日には奈良県生駒郡斑鳩町・法隆寺（血脈）に、寛文十二年五月下旬は岐阜県郡上市白鳥町・長龍寺阿名院（十一面観音背銘）、六月吉日は郡上市美並町・八坂神社（牛頭天王の棟札）にいたことがわかっている。寛文年間の円空の足跡及び栃尾観音堂に祀られている五体の円空仏の様式上の観点からは「寛文□年」は、「寛文十三年」と考えられる。

大峰山を詠んだ歌

岐阜県関市洞戸高賀・高賀神社に遺された円空の歌の中に、大峰山を詠んだ歌が数首ある。

☽　大峯や神の使も守らん照ル月清キ我庵　五三四
佳　大峯や神の使のある物をかつのわらべの北にこそゆけ　八四三
圡　大峯や天川に年をへて又くる春に花を見らん　八六七
　　守れ只大峯山の神なれや心の内の印計りに　一四四一
☽　こけむしろ笙の崫にしきのへて長夜のこるのりのとほしみ　五七〇
□　唐衣笙崫に打染てこのよはかりはすみそめのそで　五七一
□　ちわ屋振る笙崫にみそきして深山の神もよろこびにけり　五七二
圡　昨日今日小篠山に降雪は年の終の神の形かも　八八六

圡　しつかなる鷲崫に住なれて心の内は苔のむしろ□　六四一

五七〇、五七一、五七二にでてくる「笙の崫」は、大峰山系日本ケ岳の中腹（一四六三m）に位置する自然の崫で、一五〇mほどもある断崖の下に口を開けている。間口凡そ一二m、高さは三・五m、奥行きは八mである。奥の方には緑色の苔が一面に生えている。五七〇の歌中にある「こけむしろ」は、このことなのだろうか。歌の内容から円空が「笙の崫」に籠って修行をしていたことがわかる。八八六の歌に「小篠山に降雪は年の終の」とあり、「小篠」は「笙の崫」の近隣であり、円空が「笙の崫」で越年修行をしたことが想定される。八六七の歌「年をへて又くる春に」も、「笙の崫」での年越しかもしれない。人里離れた山中の、何mもの雪が積もる極寒の中での越年修行が、いかに厳しいものであるか想像に難くない。栃木県日光市日光山内・滝尾神社の稲荷大明神背銘中に「金峯笙崫圓空作之」の墨書がある。自己の名乗りを「笙崫圓空」とするほどに「笙の崫」修行は、円空にとって重要な位置付けであったのだろう。「笙の窟」は、修験者円空を形成した根幹の場所であったと思われる。

六四一の歌によって、「笙の崫」の西側一〇m程の所にある「鷲の崫」にも籠もって修行したことがわかる。円空の「笙の窟」と「鷲の窟」での修行が同時期であったのか、別の時であったのか明確ではない。場所的には同時期を想定させるが、歌の書かれている箇所が離れていること、修行過程の違いということを考えれば別の時であったのかもしれない。

円空が大峰山で越冬修行をした年はいつのことであろうか。円空の天川村巡錫の年月を示すものに、前述の

「寛文十三年」と、「延宝三年」の二回がある。この頃の円空の足跡は、寛文十二年、岐阜県郡上郡美並村半在八坂神社の牛頭天王造像、延宝二年三月に三重県志摩市志摩町片田での大般若経修復（同経奥書）をし、同年志摩市阿児町立神・薬師堂で大般若経修復（同経附属文書）、同所・少林寺で竜神・観音を造像（棟札）、延宝四年立春、名古屋市守山区・龍泉寺の馬頭観音造像（背銘）である。

まず、松尾寺の役行者像を大峰山中で造像した延宝三年であるが、延宝四年立春に龍泉寺馬頭観音を造像しているのであれば、延宝三年の越年というのは無理である。その前の延宝二年は役行者像造像が延宝三年七月であり、大峰山での滞在が長すぎる気がする。このように考えていけば、寛文十三年に栃尾観音堂諸像を造顕、その年（九月、延宝に改元）大峰山中にて越年修業、翌延宝二年に志摩半島に巡錫の足を伸ばし、延宝三年再度大峰抖擻、その際に松尾寺役行者像、山上ケ岳頂上の阿弥陀如来像、天河弁財天社の諸像を造像した、と考えるのが最も辻褄が合うが、果してどうであろうか。

神仏混淆・御嶽山と円空

御嶽信仰

高山市丹生川町・千光寺の境内から、南側真正面に、木曽の御嶽山が、一際高く聳えているのが望見できる。そして、御嶽のことを、千光寺で詠んだと思われる円空の次の歌がある。

円空との関連において、御嶽山に最初に関心を持ったのは、名古屋市西区東枇杷島町・清音寺に安置される円空の阿弥陀如来像が、御嶽山の中興開山とされる覚明の念持仏であったということを聞いた時である。御嶽山に興味をひかれたもう一つの理由は、その特色ある信仰の造形を拝したことによっている。

尾張地方のいくつかの神社の境内に、ミニ御嶽山ともいうべき小高い山が造られている。そこには、御嶽行者の碑である霊神碑と共に、神像、仏像、僧形像と、常に〈神〉〈仏〉〈人〉が、並んで建立されていた。明治の神仏分離以来、少なくとも表面的には廃された筈の神仏混淆の世界が、完全に復元されてそこにあった。

三〇六三ｍの御岳山剣ケ峰の頂上には、御嶽信仰の造形を象徴するように、神像、大日如来像、僧形像が並んで立っている（写真①）。〈神〉と〈仏〉の並立は、山中の随処で見うけられるが、特に、十二権現社の横に、日本神話の中の神々、各地の山嶽神、さらには民間信仰の神々、それに加えて仏教の諸尊、その数あわせて百余体、同じ空間の中に、威風堂々と立並んでいて圧巻である（写真②）。

神と仏の渾然一体の信仰と、そして信仰の造形は、実はあらゆる神仏像を造顕した円空の世界である。

剣ケ峯頂上と五合目にある愛染明王堂前の二ケ所で、御嶽信仰の中心である「御座立て」を目撃した。「御座立て」とは、人を依り代にして、神、仏、霊神等をおろし、その託宣を聞くという儀礼であるが、直接の信者でない者にとっては、全く不条理の世界である。しかし子供の頃、近くの御嶽行者に、呪文と気合で歯痛を直してもらった体験を持つ筆者には、単純に不合理とか非科学的というだけでは片づけられない衝撃的な情景であった。

愛染明王堂前で出会った「御座立て」では、神がおりた行者に、もう一人の行者が、信者達の言葉を伝えて

① 御嶽山頂上の御座所（昭和61年８月15日撮影）

② 御嶽山中十二権現社横の神仏群像

いた。「母の病気の具合はどうであるか」「旅行に出掛けるが道中安全か」「縁談がまとまったが良縁であるか」等の、大層日常的な問いかけがあった。神の答えは、すべてが「良」であり、お伺いをたてた信者は、一様に安堵の様子がみうけられた。もし託宣が「否」だったらどうであったろうか、などという詮索は別にして、「神」と直接対峙し、「神」から直接教示をうけ、それを生活の中の指針とする。直截簡明な「神」との接触であり、あるいはこれが、信仰というものの一つの原点であるかも知れない。

「御座立て」儀礼の中で、より一層筆者の関心をひいたのは、依り代としての人体に、御嶽大神とされる蔵王権現、又、これも御嶽大神といわれる、国常立尊、大己貴命、少彦名命三神を初めとする日本の神々、大日如来、金剛童子、不動明王、大黒天等の仏教各尊、さらに御嶽行者の霊神と、実に数十種類の神と仏が、降りてこられるということである。「御座立て」儀礼の中にも、〈神仏混淆〉が、何のこだわりもなく取り込まれている。

ところで、共に降りておいでになる神々と仏尊には、名称の違いと、位の上下はあるにしても、「人間を超えた大きな力を持つ」「目に見えない」「形と大きさは自由になる」「飛翔する」「依り代におりる」等の共通した性格があげられる。そしてこれは御嶽信仰に限ったことではなく、古来より、大多数の日本人は、神も仏も、こうした共通項の中でとらえ、明確には区別していなかったのではないか。一般の人々にとっては、〈神〉あるいは〈仏〉という範疇で、すべてが説明され得てしまうのである。従って、結局は、〈一神〉〈一仏〉に帰趨する故に、あらゆる神、すべての仏を取り込んで、機能上の役割を与えていくことができる。御嶽信仰は、本来そうであった日本の信仰を、現代に再び顕在化させているのではないだろうか。

きわめて多種、多形態に及ぶ円空仏も、以上のように考えてくると、一つの理解がなされ得る。つまり、円空が彫ったすべての像は、まさに〈神〉、〈仏〉であり、依り代としての像の形は、円空の信仰に基づいた個性に託されていたのである。

円空仏と覚明

長野県木曽郡木曽町三岳にある大泉寺は、円空の韋駄天像が祀られている。ここは覚明の菩提所となっており、円空と覚明両方に縁の寺である。

覚明は、重潔斎を行った一部道者にしか登ることが許されていなかった御嶽山を、広く民衆のものとする運動の先達であったことで遍く知られている。享保四年（一七一九）生まれで出生地は、愛知県春日井市牛山町である。現在、生地には覚明堂があり、顕彰碑が建ち、覚明の銅像も建立されており、産湯の井戸もある。

庶民の中の宗教者であった覚明の経歴の詳細は明確ではない。諸本によって異っているが、覚明堂内に掲げられた『覚明霊神年代表』によれば、「幼名源助、享保十二年9才の時に清音寺に入門法名を道生と称する、享保十六年13才　還俗、元文三年（一七三八）20才　仁右ヱ門と改名、延享元年（一七四四）26才　お梅を妻にむかえ再度清音寺に入門、宝暦二年（一七五二）34才　清音寺を出て諸国巡錫荒修行の旅に出る、宝暦五年37才　初回四国八十八ヶ所巡拝、明和三年（一七六六）48才　七回目の巡拝の途中三十八番札所にて御神託を受け覚明と改名、明和四年49才　恵那山を開山、安永元年（一七七二）54才　長野県本曽郡黒沢村の庄屋に御嶽山開山の協力を断わられる、天明二年（一七八二）64才　御嶽神社神官武居若狭守に軽精進の登拝を断わられる、この年無断で入山したことで代官所に捕えられる、天明五年67才　黒沢村の庄屋村人達の協力により御嶽山を開山、天明七年七月二十三日69才　御嶽山中八合目付近で大往生」とある。

大泉寺は、覚明が改修を加えた御嶽山黒沢口登山道の入口に位置する。ここに祀られている円空仏は、像高二四㎝の韋駄天像で、円空通様の形態である。ただこの像は合掌する手の前に、宝棒と思われる棒状のものが彫られているのが珍しい。昭和四十一年（一九六六）の発見であり、円空仏来由については不明である。現時点で、大泉寺において円空仏と覚明を直接結びつける証拠はない。しかし、円空も覚明も、この寺に共に滞在したであろうし、あるいは覚明は、ここで円空のことを知ったかもしれない。

木曽郡木曽町三岳には、円空仏がもう一体確認されている。黒沢口登山道を大泉寺より、車で十五分程上ったところにある個人宅の菩薩像である。近くには覚明が祀ってある開山堂がある。ここにおいても又、円空仏のあるところに覚明の名前がある。もっともこの円空仏は、この地域の修験者であった家からの遷座ということである。円空が御嶽山登拝のおりに知りあった修験者に彫り与えたものであろうか。巡って、覚明に関連ある場所に祀られたのも一つの因縁であろう。

ところで、名方屋市清音寺に祀られている、覚明の念持仏と伝える円空の阿弥陀如来の背面には、次の朱書きがある。

「圓空作彌陀如来　臺座後光取立　寛政四歳十月十夜中出來　三陽鳳嶺月蔵應士亮恵法印」

この円空仏は、覚明が天明七年御岳山中で大往生を遂げた後、椀その他の形見とともに出自の清音寺へ届けられたと伝えられている。この朱書きがされたのは、寛政四年であり、覚明が往生したのが天明七年であるから、わずか五年後のことである。そしてこの朱書きには、明確に「円空作」と書かれている。したがって本像は清音寺に届けられた時点で、「円空作」であることが知られていたと推定できよう。本像が、覚明の念持仏であり、覚明往生後清音寺に届けられたという伝承を信ずる限りにおいて、この阿弥陀如来が「円空作」であることを、覚明は知っていたのだろう。

円空の御嶽山登拝

木曽地方には、現在一八体の円空仏が確認されている。そのうちの前述した木曽町三岳の二体の像によって円空の御嶽山登拝が推定できる。その時期について、生駒勘七氏は、木曽郡南木曽町・等覚寺にある円空の弁財天と十五童子が貞享三年（一六八六）八月十二日、天神像が同年六月二十五日に祀られたことが棟札によってわかり、そこから、円空の御嶽山登拝は、貞享三年六月十四日、十五日であったろうとされている（注22）。筆者もその通りだと思う。その当時の御嶽山は、百日間の精進潔斎をすませた者だけが、毎年六月十四日、十五日の両日しか登ることを許されていなかった。この習俗に従って、円空も御嶽山登拝をしたものと考えると、百日間の精進潔斎をするためには、貞享三年三月初めには木曽にいたことになる。前年の貞享二年には千光寺（高山市丹生川町）に滞在していたことが、同寺にある弁財天厨子に書かれている年号から推定できる。

覚明が御嶽山へ登ったのは、円空が登拝したと考えられる貞享三年より、およそ百年後の天明二年のことである。覚明は、軽精進による御嶽山登拝を実現させるため、民衆を率いて、無許可のまま、幾度も御嶽山へ登ることを決行したという。そして先頭にたつ覚明の負櫃の中には、円空の阿弥陀如来が鎮座していた。覚明は、百年前に民衆の中を歩いて神仏像を彫り、御嶽山登拝もした円空を慕い、円空仏に見守られながら、自身も又、民衆の為に御嶽山開山の運動を展開していった、と筆者は想像を巡らせている。

（『円空学会だより』61号　一九八六年一〇月、同64号　一九八七年七月）

飛騨の山々と円空

岐阜県北部の飛騨という名前の起源は、この地は山々が衣の襞の如く連なっているからと言う説があるように、飛騨は山が多い。円空は、飛騨の各所で多くの神仏像を遺し、山々に登拝の足跡を印している。

岐阜県高山市上宝町金木戸・観音堂に安置されていた十一面観音の背面に「乗鞍嶽　保多迦嶽　御神嶽　伊應嶽　錫杖嶽　二五六嶽」の六嶽が書かれている（218頁 写真⑤）。「保多迦嶽」は現在の穂高岳、「御神嶽」は地元では笠ヶ岳を神岳と言われているので笠ケ岳、「伊應嶽」は現在の焼岳のことで江戸時代には硫黄嶽と呼称されていた、「二五六嶽」は双六岳のことである。清水克宏氏によれば、「錫杖嶽」と「二五六嶽」は円空以前にその山名が書かれた資料はなく、円空命名と考えられるとのことである（注23）。

十一面観音の両脇侍に、円空独特の今上皇帝（東山天皇）と善女竜王が配されている。今上皇帝像の背面に「元禄三庚午九月廿六日 今上皇帝 當國万佛 十マ佛作已」（一六九〇）の墨書がある。

金木戸集落は、麓から三、四十分上ったところにあった山中の集落で、かつては六戸のお宅があったが、昭和二十四年（一九四九）に四戸、昭和四十二年に二戸離村され現在は無住になっており、観音堂に祀られていた三尊は同町長倉・桂峯寺に移座されている。

上宝町本郷・本覚寺に蔵されている、槍ヶ岳開山で知られる播隆（天明六年～天保十一年・一八四〇）が文政六年（一八二三）に書いた『迦多賀嶽再興記』に「……元禄年中円空上人登頂大日如来ヲ勧請シ奉リ阿観百日密行之霊跡トカヤ……」とあり、文政七年の『迦多賀嶽再興権化帳』には「……其後元禄年間美濃國弥勒寺大行事圓空上人登山大日如来を勧請し阿観百日密行満願之霊跡也……」とある。両書によって、円空が笠ヶ岳に登頂し大日如来を安置して、阿観百日密行をしたとされていたことがわかる。

さらに、本覚寺十五世の椿宗和尚が文政八年に著わした『大ケ嶽之記』には、「……次デ元禄年間圓空上人当郡五嶽練行之時、就中大ケ嶽ハ阿観百日密行満願之霊跡也、即チ手ラ大日如来ヲ彫刻して安置セラレタリ……」と播隆の二書と同様の記事を載せるが、注目すべきは「当郡五嶽練行」と記載されていることである。断定はできないが、当時円空の「当郡五嶽練行」という伝承のあったことがいえる。「当郡五嶽」は、地形からすれば、やや離れた乗鞍岳を除いた「穂高岳、笠ヶ岳、焼岳、錫杖岳、双六岳」の五岳が想定される。

寛政二年に刊行された伴蒿蹊著『近世畸人伝』に、「……（乗鞍山中にある）大丹生といへる池は、池の主、人をとるとて、常に人ひとりはゆかず、……あるとき円空見て、此の水この比にあせて、あやしきことあり。……彼鉈にて、千体の仏像を不日に作て池に沈む。其後何の故もなく……」の記述がある。又、現在高山市奥飛騨温泉郷新平湯・禅通寺に安置されている宇賀弁財天と歓喜天は、乗鞍岳と十石山の間にある金山岩の下にある乗鞍権現の祠に祀られていた（注24）。円空が乗鞍岳に登拝していたことは間違いない。『大ケ嶽之記』の「五嶽」と乗鞍岳をあわせて六嶽となり、円空が今上皇帝背銘「元禄三庚午九月廿六日」までに十一面観音の背面に書いた六嶽をすべて踏破した可能性は非常に高いと考えられる。

岐阜県関市洞戸高賀・高賀神社に遺された円空の歌集中に

　玉　人しらぬ世においわりの山なりや井井ふ誓在す　六六三

という歌がある。歌の中に詠みこまれた「おいわり」は、現在の岐阜県飛騨市神岡町笈破のことである。円空の歌からも、笈破が人里離れた山中の集落であることがわかる。笈破には、円空の如来像を祀る観音堂と四戸のお宅があったが昭和六十一年にすべて離村、無住となってしまった。ここに祀られていた如来像は、現在同町東茂住の金龍寺に遷座されている。

かつて円空仏が祀られており、現在無住になってしまった集落は上宝町金木戸、神岡町笈破を含めて八ヶ所ある。いずれも人里離れた場所であり、現代文明を象徴する都市とは対極の位置にある。円空はこうした場所にまで布教の歩を進めたのであり、日本の庶民の原信仰が色濃く残っているであろうこうした場所から自身の信仰を醸成していったのだろう。

二十五山は神岡町和佐保に聳える山である。この山の頂上近くの二十五堂に円空の二十五菩薩が祀られていたことが、明治十二年（一八七九）に岐阜県によって行われた県下全域の小祀堂の調査書である『仏堂明細帳』に記されている。「……神岡村光円寺受持　二十五堂　……圓空ト云フ僧二十五菩薩ノ佛像ヲ彫刻シテ祀リ……木像安置ナリト古老ノ傳ヘナリ」とある。二十五堂に安置されていた阿弥陀如来と二十五菩薩は、現在受持寺の麓にある光円寺に移座している。

高山市一宮町と下呂市萩原町に跨る位山は、飛騨一宮である高山市一宮町・水無神社の神体山である。水無神社には、かつて多数の円空仏が祀られていたが、明治の廃仏毀釈の際にすべて遷座されてしまったと聞いている。高賀神社に遺されている円空歌集中に多数の位山を詠んだ歌がある。

○　けさの山くろふの山に降雨は御法の水のます鏡かな　二六
　我きつるかたもしらさるくらふ山けさの木のはの散とまかふと　七三
□井　墨（クロフ）山塵もツモリテ足ヒキノ登々ハ峯ソ住吉　二二六
☽　妙へならぬくろふの山に立仙は。阿耨菩提のめくみましませ　二三五

○まどひきて（キテ）位の山登らん心の暗に予迷わすな　二八九

○めも（モ）みへす己か心は暗ならて位（クロウノ）の山の烟くらへに　二九○

○□払ふ位の山の榊はは君か守りの神かとそおもふ　四九一

七玉住なる丶位の「　　　」世に在明の月「　　　」　六四二

玉小児足位の山の高けれは登て通る夕暮の空　六五○

玉千年振る此神かきの内ならん位の山の法のとほしみ　一三四○

玉位ふ山雲の上人結ふらん玉の御木は手にもふれつ丶　一三五四

○手結ふ位ふ山の榊葉は今日とり染る玉かとそみる　一四○○

○音にきく位の山の榊はは手にとる度に花かとそおもふ　一四○七

位山を詠んだ十三首の歌は、すべてが位山登拝中のことと解される。六四二の「住なる丶」で位山山中での長期の滞在も想定される。多くの歌が遺されている位山はこの周辺の布教の拠点であったかもしれない、あるいは修行の場所であったことも考えられる。

高賀山信仰

岐阜県関市洞戸高賀・高賀神社は、高賀山の麓にある。高賀神社には二八体の円空像が遺されており、和歌一六〇〇首余もある。円空は高賀神社で降雨祈願の為に大般若経を真読誦し、その旨を懸仏裏に書き記しており、そこに「元禄五年」の年号がある。円空の和歌は大般若経を修復した際に、見返し用として貼り付けてあった紙に書かれていたもので、この大般若経に挿まれていた紙片にも「元禄五年」の文字がある。和歌集中に円空の漢詩七言絶句の挿入があり、その中に「貞享甲子三光春」が詠み込まれている。元禄五年と貞享元年にも高賀へきていることがわかり、晩年の円空は高賀周辺に滞在していたことが想定される。元禄六年から遷化の元禄八年までの円空の足跡を示す資料はない。

高賀山は標高一二二四m、高賀神社から登拝口まで凡そ十五分程歩いてそこから頂上まで約二・四㎞の行程である。登拝途中には、円空が籠ったのではないかと思わせる岩屋がある。高賀神社奥の院としての峯稚児神社が頂上近辺にある。大岩盤の上に建てられた峯児神社にかつて円空像が祀られていた。円空は背面に「峯児」と墨書した像を三体遺している（美濃市藍見・竜昌寺「峯児擁護大明神」、関市広見・松見寺「峯児妙刀大明神　擁護大明神」、岐阜市御望・個人「峯児大権現」）。いずれも高賀山の峯稚児神社の神像を彫ったことが考えられ、円空の峯稚児神に対する強い崇敬が感じられる。

峯稚児神社から三十分足らずで高賀山頂上に着く。頂上からは、伊吹山、白山、御嶽山等の山々が望見できる。円空は、これらの山々での練行に想いを馳せながら、高賀山中での修行に励んだのだろう。

第三節　円空仏・像内納入品

中観音堂の円空仏・像内納入品

像内納入品がある三体の像

岐阜県羽島市上中町の中観音堂に現存する十七体の円空仏中、本尊十一面観音菩薩、阿弥陀如来及び不動明王の三体の像に像内納入品がある。

十一面観音菩薩の背面には一〇×一〇㎝の埋込みがある。伝承では、中に円空使用の鉈が入れられており、これを見た者は眼がつぶれるとされている。最近では死ぬということになっており、民間信仰の禁忌が次第に大きくなっていくという一つの例を示している。本像は昭和四十四年（一九六九）四月に信徒総代の人達によって開けられており、中には「十一面観音呪（唵路計什嚩囉絵利）らしいものが納入されていたらしい」という報告がある（注25）。又、舎利を入れた五輪塔が入っているという説もあった（注26）。本像は平成二十一年（二〇〇九）五月二十六日にＮＨＫ　ＢＳテレビの番組「円空　12万体の願い」の中で、レントゲン撮影が行われ、像内納入品が映し出されたが、正確な実体は不明であった。平成三十年十二月には、埋込みがとられ像内納入品が確かめられた。この件に関しては、次項で詳述する。

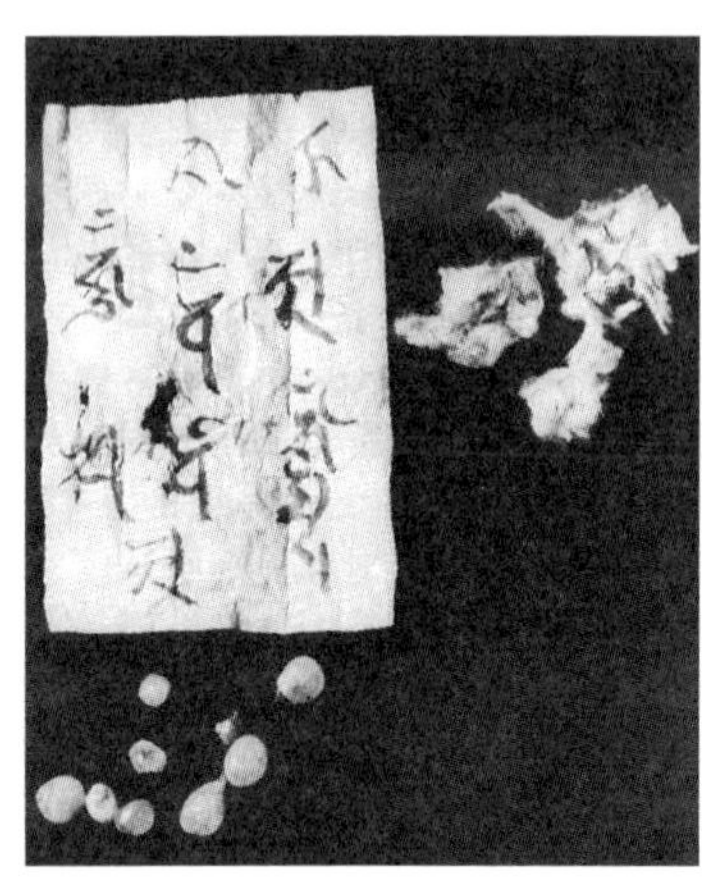

① 不動明王と像内納入品

② 阿弥陀如来と像内納入品

不動明王の像内納入品を調査する機会が設けられたのは昭和六十三年一月十七日のことである。地元の方数名と、埋込みを傷つけないように開ける技術者の三上巌氏、そして長谷川公茂、鈴木正太郎氏と筆者が参加した。細心の注意が払われて埋込みがとられ、像内からは、縦八・五cm×横五・六cmの紙片に包まれたきれいな丸い石が九個入っていた。そして紙片には、石の数と同じ九種の梵字「(キャ・十一面観音)(ソ・弁財天)(カーンマン・不動明王)□(不明)(バン・金剛界大日如来)(バイ・毘沙門天)(ア・胎蔵界大日如来)(ウン・蘇悉地)(サ・観音)」が書かれている(写真①)。梵字の内「金・胎大日如来合一」と「脇侍」は想定がつくが、「」「」「□」「」の意味付けができない。なお、不動明王の刳貫からは、九個の舎利石を包んだ紙片の他に、もう一枚梵字が書かれている紙片が入れられているが、それは固く丸まってしまっており何が書かれているか判読することはできなかった。

もう一体の背面埋込みのある阿弥陀如来の調査が改めて行なわれたのは、昭和六十三年八月二十日のことである。この時も前回不動明王の時と同じメンバーが集った。そして更に念入りに埋込みがはずされた。中からは、石が五個包まれた紙片が現われた(写真②)。紙片には、「(キリーク・阿弥陀如来)(バン・金剛界大日如来)(ウン・阿閦如来)(タラーク・宝生如来)(アク・不空成就如来)」の「金剛界五仏種子」が書かれている(写真②)。書かれている種子が五字で、包まれていた石が五個であり、先の不動明王では種子九種、石九個で数が合わせてある。これらの石は、書かれてある種子各尊の舎利を象徴化させているのかもしれない。もっとも中観音堂の三体を除いた各地の像内納入品のある像一一体のうち納入品が判明している四体の内一体は金剛界五仏種子が書かれた紙片に包まれているのは舎利石五個であるが、二体は舎利石一個だけである。もう一体には内容が不明の紙片に一個の舎利石が包まれている。そうすると中観音堂の不動明王と阿弥陀如来の九個と五個の舎利石は、書かれた仏尊の舎利石ではないかもしれない。像内納入品は供養の為と聞くので、中観音堂の仏像造顕に寄与した人々の縁の人達の供養を願ってのこととも思われる。

（『円空研究』16号　一九九三年九月）

十一面観音の像内納入品

平成三十一年（二〇一九）三月二十八日に、羽島市中観音堂から「……中観音堂御本尊の背面を地元のごく一部の人で確認させて頂きました。納入品の写真ですが、お送りします。……」という書面の付いた封書が届いた。昨年（平成三十年）十二月に開いたということであり、筆者は令和元年五月十六日に、詳細を調査する機会を得た。像内納入品は、次の通りである。

①鏡（八・七cm）②阿弥陀如来像（五・二cm）③丸石二個（三・五×二・五cm 二・二×二・一cm）④玉石（たまいし）一三個（〇・二cm 〇・三cm二個 〇・四cm 〇・五cm 〇・七cm三個 〇・八cm 〇・九cm 一・〇二cm〈いずれも最長部分・以下同〉）二個大きさ不明 ⑤数珠玉二個（〇・六cm 〇・六cm）⑥六角錐水晶二個（一・八cm 一・九cm）⑦筆（鋒三・二cm 軸三・五cm）⑧硬貨二枚（寛永通寳二・五cm 大觀通寳二・四cm）⑨戸隠神社起請文（二九・八cm×四二・〇cm）⑩般若心経（一五・八cm×二二・五cm）⑪九重守の小紙片 ⑫鏡を包んであった紙片 ⑬くるまった多くの小紙片（採寸は全て筆者）。

※筆者が調査した時、玉石は一一個であったが、本書の校正中に、その後の調査で台座裏等から新たに二個の発見の報告（『中観音堂と円空上人』三田寛之　羽島市円空上人顕彰会　令和三年六月）があったので訂正した。

⑪ 九重守は同書の指摘による。本件は本文中にも反映している。

以下、像内納入品の各々について考察する。

① 鏡（写真①）

長い間「開けると目が潰れる」「死ぬ」と言われて秘匿されてきた中観音堂・十一面観音の背面埋木が開けられ、像内納入品が確かめられたことは、マスコミの注目するところとなり、令和元年五月の各新聞に大きく報道されることになった。

各新聞掲載の見出しは、中日新聞「円空仏から阿弥陀像　母親思い供養仏か」（五月八日朝刊）、読売新聞「円円空仏中から阿弥陀像　母親供養で納めたか」（五月十六日朝刊　岐阜地域面）、岐阜新聞「円空仏 胎内に母の形見」（五月十七日朝刊）、朝日新聞「円空の十一面観音　納入品を初公開へ　仏像・鏡…母への強い思い」（五月二十七日朝刊「岐阜」面）とある（注27）。全ての新聞が、十一面観音の像内納入品の行為は、「母親の供養のため」ということになっている。各新聞記事の内容はほぼ同じであるが、その根拠として挙げられる記述を、「円空の十一面観音 納入品を初公開へ 仏像・鏡…母への強い思い」と見出しを付けた朝日新聞デジタル版（令和元年五月十七日）で見てみる。一部を引用すると「……全国の円空仏を調査してきた長谷川公茂さん（85）＝円空学会前理事長＝によると、円空は「母の形見の鏡を納めた」という和歌を残したという。……」とあり、「……母に対する円空の強い思いが伝わってくる。……」と羽島市円空顕彰会会長の浅野薫氏は話している。

まず、各紙共に「母親の形見」としている「鏡」であるが、実をいえばそのような確たる根拠がある訳ではない。勿論「母親の形見」の「鏡」であるかもしれないが他の人のものかもしれず、あるいは神鏡、または別の考え方もあり（後述）、少なくとも断定はできない。「母親の形見」云々の伏線となっているのは、中観音堂の十一面観音が母親の鎮魂のために造像されたという説からと思われる。本説が資料に基づいてのものではないことは、すでに述べた（21～24頁「円空の母親洪水死説」）ので再説はしないが、あくまで現代に創作された説であって、中観音堂の十一面観音が母親鎮魂のために造像されたという確実な根拠は全く無いといえる。したがって、「鏡」を「母親の形見」とストレートに結びつけることはできない。

① 双鶴 菊文尽くし 古銅鏡 亀紐

「鏡」（直径八・七㎝）は「双鶴 菊文尽くし 古銅鏡 亀紐」で、中央に亀、その上左右に二羽の鶴、周囲は菊文で埋められている。亀の左右に穴があり、紐が通るようになっている。

一七〇〇首余におよぶ（重複分を含む）円空の歌の中に「鏡」を詠み込んだ歌が六四首ある。その内「鏡」を「形見・記念」として詠んだと思われる歌は六首である（四三八・四四一・四四四・四四五・七一二・一三六六）。

うつすらんまれにあふ身の鏡そとふたよのかたみあけて社みよ　四三八

うちなひく鏡の家は宿らんこれはふた世の忘れ形見に　四四一

かた見とてか、みのはこはもろともにふた見の浦を明てこそ見れ　四四四

あさことに鏡の箱にかげ見へて是はふた世の忘れ形見に　四四五

幾度も玉女の形移ス忘記念の鏡成けり　七一二

い勢ノ海神のかたみの鏡かやふたみか浦に形移らん　一三六六

「四三八」の「ふたよ」の意味が「現世」と「来世」と考えれば、あるいは「母親の形見」の「鏡」と考えられなくもない。しかしながら、「四四四」と「一三六六」の歌中に「ふた見か浦」がでてきており、「鏡」と「二見浦」は密接に結びついている。伊勢への円空の巡錫は延宝二年（一六七四）と考えられ、十一面観音の造像時期は寛文十年（一六七〇）前後と思われ、年代的に合わない。また、「ふたよ」も別の意味かもしれない。

筆者のこの疑問に対して、「……円空の心の拠り所であった母の形見の鏡を、十一面観音像の体内に納めてしまって、自分の手元にはない「鏡」のことを円空は何度も詠んでいる。これらの歌の「二見浦を明けてこそ見れ」の意は鏡の箱の・蓋を開け中身、鏡の表（装飾）のある、その裏を見よというのである。そこに円空の母の面影が映っていた、……形見の鏡の蓋を開け母を思い出しては、回想していた。……形見の鏡との葛藤は長く続いていたのであろう。後年もこの鏡が忘れられず前記のよう歌に詠んでいたのである。……」（注28）という論が出ている。

歌の解釈は様々であるが、「二見浦を明けてこそ見れ」を「鏡の箱の・蓋を開けて鏡の裏を見よ」という意味には取れない。姿が映る方は鏡の裏ではなくて表であるし、この歌が母の回想の歌と断定も出来ない。

「七一二」の「鏡」は「玉女の形移ス」のであり、「玉女」とは誰を指すのか解らないが、「母親」とは思えない。

「一三六六」は「神のかたみ」の「鏡」であり、これも母親とは直接結びつかない。

いずれにせよ、「鏡」が詠み込まれた歌六四首の中に「母親」「母親の形見」という言葉は一切出てこない。

「鏡」を「神鏡」としている歌は一五首ある（二一一・四五五・四七三・四七五・四七六・五二二・五二九・五九七・七八〇・七八四・八九四・一一五一・一五二二・一五六六・千光寺蔵『袈裟百首』一）

ちわや振る清く清は神なれや御形移せ玉の鏡に　　五二二

唐の春の初花なれや大和の国の神の鏡　　八九四

ふし拝神の鏡に見へ玉ふ只一すしに守りまします　一一五一

円空は神の歌をいずれも敬虔な気持で詠んでいる。そして「鏡」を「神の依り代」としている。そうした歌を一五首も詠んでいることは、「鏡」を極めて神聖なものとして捉えているといえる。そうであるならば、十一面観音に納入した「鏡」は、「神鏡」かもしれない。「神」と「仏」の混淆はまさに円空の世界ということが出来る。

その他、円空の「鏡」を詠み込んだ歌の内、「水」「月」「七五三ノ縄」「三世仏」等を「鏡」に「たとえ」た歌と、上記に分類できない「鏡」を詠み込んだ歌がある。

以上述べてきたように、十一面観音の像内納入品の中の「鏡」を「母親の形見」と断定する説に筆者は与することは出来ない。又、「母親の形見」の「鏡」だと断定してしまうと、それ以外の多くの納入品の説明が出来なくなってしまう。この点からも「母親の形見」説を首肯することはできない。

②阿弥陀如来像（写真②）

像内納入品の中心は阿弥陀如来像（五・二cm）である。言うまでもなく阿弥陀如来は西方極楽浄土の仏尊であり、供養者の彼岸での安寧を願っての納入であろう。阿弥陀如来像は極めて小像ではあるが、細部まで丁寧に彫刻が施されている。そして本像の特徴はその台座にある。

通常の円空像は、蓮座・岩座（又は筋彫り台座）になっているが、本像は蓮座の下に上敷茄子、華盤、華脚（内側）下敷茄子、框座が刻されている。台座全体の左右に垂れ下がっているのは、衣の延長と思うが、

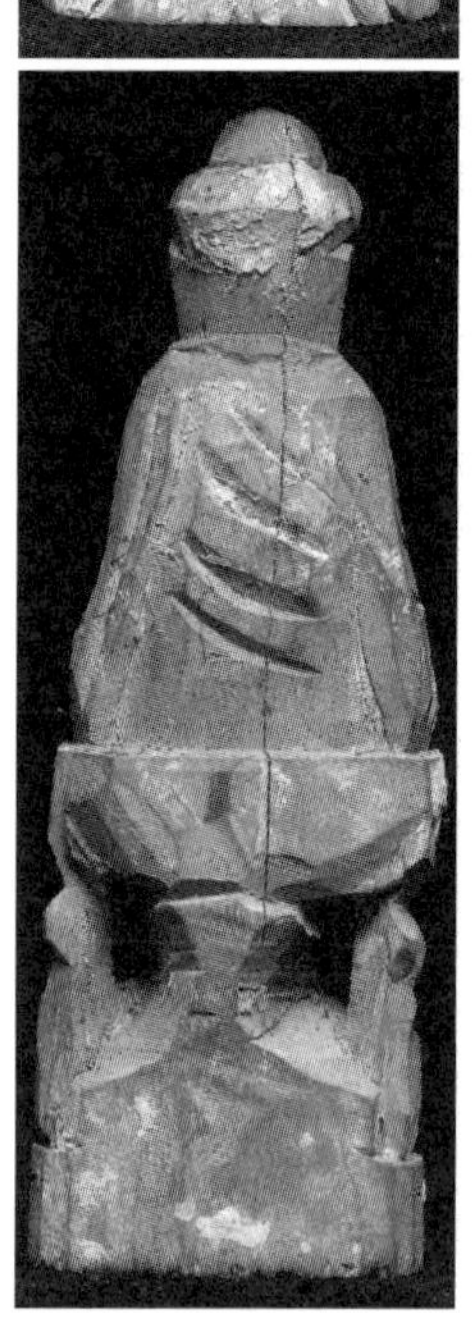

②　阿弥陀如来

実は、岐阜県羽島市・個人宅に本像と全く同じ台座の釈迦如来像（三四・〇cm　146頁写真①）が安置されている。同じ台座ということだけでなく、この像には背面に埋木があり像内納入品がある。したがって、両像の造像時期はそれ程の開きはないであろう。ただ、こうした台座は円空像五四〇〇余体の内、この二体だけであり、円空は馴染めなかったようである。

ところで、この阿弥陀如来の像容は、本体の十一面観音と様式的に大きな違いがあり、同時期ではなく、後から納入されたのではないかという意見を清水暢夫、山田匠琳両氏から聞いた。因みに、埋め込みは簡単に取れたそうで、そうするとあるいは過去に取られた可能性もあり、その時新たに納入されたかもしれないという憶測をさせる。しかし、筆者は様式論というのはどうしても主観が入りやすく確実とはいえないこと、本体と像内納入品は同時期に行うことが自然と考えているので、お二人の論に現時点では与し得ないが、全く関係のないお二人から同時に発せられた意見であり、傾聴をしたいと思っている。

③ 丸石二個（写真③）

黒い丸い石が二個入っていた。石の一部に和紙がついており、かつては包まれていたことが推測される。円空仏の像内納入品がある像は一四体あるが、分明しているものはおしなべて舎利石が金剛界五仏の書かれた紙に包まれて入れられていた。

本石も舎利石としてよいと思われ、包まれていた紙に金剛界五仏が書かれていたことも推定される。そして次の④にあげる玉石よりも一段と大きく、仏尊の舎利石かもしれない。あるいは、十一面観音および観音堂諸像そして観音堂造立に大きな貢献をした人物ゆかりの舎利石かもしれない。

④ 玉石（たまいし）一三個（写真④）

表面が非透明で表面が磨かれた白い石三個（〇・八cm　〇・九cm　一・〇二cm〈いずれも最長部分・以下同〉）、半透明で表面が磨かれた石五個（〇・四cm　〇・五cm　〇・七cm三個）、透明で水晶様一個（〇・二cm）、果実の種のような表面に皺のある赤茶色の物二個（各〇・三cm）と新発見の一個及びもう一個の新発見を合わせて一三個の玉石がある。玉石と言うのは筆者がつけた名称で適当ではないかもしれないが、これらの石は何の為に納入されたのだろうか。

これは先の③丸石でも述べたように、十一面観音造立に協力をした人達の縁人（ゆかりのひと）の供養の為の舎利石と思われる。一三個の玉石は、十一面観音造顕に際して多くの人達の尽力があったことを物語っている。

⑤ **数珠玉二個**（写真④）

真ん中に穴の開いた白と黒の数珠玉がある。言うまでもなく、数珠は故人の供養の為に使用される。この数珠玉もそうした意味合いで入れられたものだろう。

⑥ **六角錐水晶二個**（写真④）

一辺が〇・五㎝と〇・六㎝の六角形の底面で各一・八㎝と一・九㎝の高さの六角錐水晶二個がある。本来の用途も入れられていた意味も明確には解らない。

③　丸石

④　玉石　数珠玉　六角錐水晶

⑦ **筆**（写真⑤）

軸（三・五cm）が随分短い筆（鋒三・二cm）がある。円空自身の筆か、あるいは供養者縁の品であるのかは不明である。⑫に挙げた紙片にこの筆を包んだのではないかと思われる墨跡があり、何かを書いてそのまま納入したとも考えられる。⑨の起請文の裏には「圓空」及び梵字の墨書があり、この筆で書いたかもしれず、円空自身の持ち物だった可能性もある。

⑧ **硬貨二枚**（写真⑥）

「寛永通寳」と「大観通寳」の二枚の硬貨が入れられていた。「寛永通寳」は、寛永十三年（一六三六）に初めて鋳造され、幕末まで続けられたという。「大観通寳」は中国からの渡来銭で、「寛永通寳」が出るまで使われていたとされる。仏尊の内部であるからお賽銭の意味かもしれない。

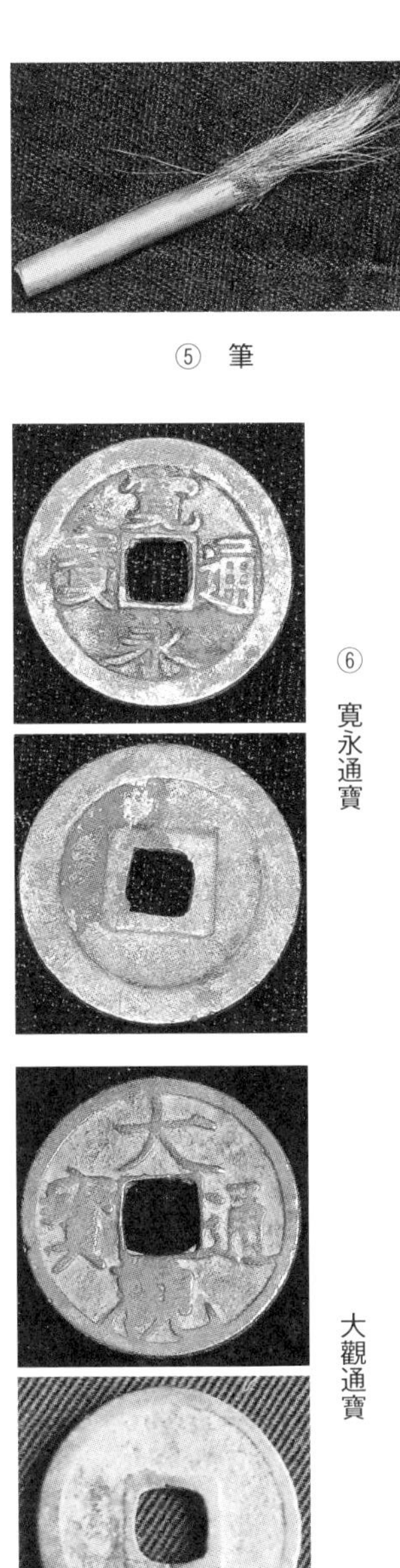

⑤ 筆

⑥ 寛永通寳 大観通寳

⑨戸隠神社起請文（写真⑦）

像内納入品の中で、注目されるのは「戸隠神社起請文」である。「起請文」は、神社が出す「牛王宝印符」に自己の行動を神仏に誓約することを書くことである。この「起請文」は、真ん中に九頭竜が描かれ、左右に八羽の烏が描かれており、戸隠神社（長野市戸隠）が配布した「牛王宝印符」であることがわかる。

本来裏に誓約文が書かれるのが、この「起請文」には、「圓空」という文字と、「[梵字]」（キャ・十一面観音）「[梵字]」（キリーク・阿弥陀如来）「[梵字]」（バン・金剛界大日如来）の三種子及び「[梵字]」（ボロン・一切結合）「[梵字]」（シリー・吉祥）という梵字が書かれているのみである。

誓約文ではなくて、なぜ梵字が書かれているのだろうか。挙げられている種子の三尊に帰依する誓約ということしか思いつかない。

戸隠神社の「牛王宝印符」を円空はどこで手に入れたのだろうか。現時点で戸隠神社周辺での円空像の発見はない。しかしながら、戸隠神社のことを詠んだ歌が三首ある。

　ちわやふる天岩戸をひきあけて権にそかわる戸蔵の神　五六一
　天戸をわ（チワヤフル）九頭の形なれや戸蔵す神の御形なりけり　二四〇
　くりからののめる刃の形も哉あまねく守る戸蔵の神　五五二

戸隠神社は、天照大神が「天の岩戸」にお隠れになった時、天手力雄命によって戸が開かれ、その戸が戸隠山へ飛んで行き、それが戸隠神社の起源という伝承がある。

円空の歌では「戸蔵」になっているが、内容からすれば明らかに「戸隠」のことである。

又、近在の飯綱山（長野県上水内郡信濃町・飯綱町）を詠んだ歌もある。


飯綱には人住事なけれともたがたき立つる（ケシ）のけむりそ　　五五三

［　］露に袖打払う山伏　飯綱神の初成けり　　五五七

五五三の歌は情景描写であり、現地で詠んだ可能性が高い。

これらの五首の歌から、円空は「戸隠神社」へ参拝したことが推測される。その可能性のもとに、では何時参拝したのであろうか、については明確に示すことが出来ない。それがわかれば、十一面観音の造像時期、像内納入品の納入時期もより正確な推定を加えることが出来るだろう。

⑩ **般若心経**（写真⑧）

般若心経が書かれた紙の断片は、「摩訶」「観自」「蘊皆空」「不異」「異色」「行識亦復如」「是舍利」「不滅不垢不浄」「色聲」「無意識」「明亦無無明尽乃至無老死亦無老」「苦集滅道無智亦無得以無所得故菩」「埵依般若波羅蜜多故心無罣礙無」「一切顛倒夢想究」「若」「故」「多是大」「大明呪」「呪能除」「実不虚故説般若波羅蜜多呪即」「羯諦羯」「提薩婆訶般若心」の文字が残っている（注29）。般若心経は、諸事に最も多く読経され、供養の為に納入されたと考えられる。

⑦　戸隠神社起請文

⑧　般若心経

⑪ **九重守の小紙片**（写真⑨）

同じ大きさの同種の文字や梵字が書かれた数枚の小紙片がある。文字を拾っていくと「大威徳」「大黒」「妙目」「四天王」「惣」「面惣」「一切如」「一切妙立小装」「仁」「如」「山」「正蔵」「同」「焦」「眠如」「一切」の漢字と多数の梵字が書かれている（注30）。これらの文字は「九重守」のものという卓見を得ている（注31）。

偶々筆者は横幕吉勝氏から「九重守」の提供を受けた。年代は不明だが古様の「九重守」は、縦は七・五cmであるが、横は一〇九四・五cmもある極めて長い巻物である。円空像内部の「九重守」は、巻物の軸もないし、残された紙片からしても全体のほんの一部であったと考えられる。なぜ一部なのか、⑬に挙げたくるまってし

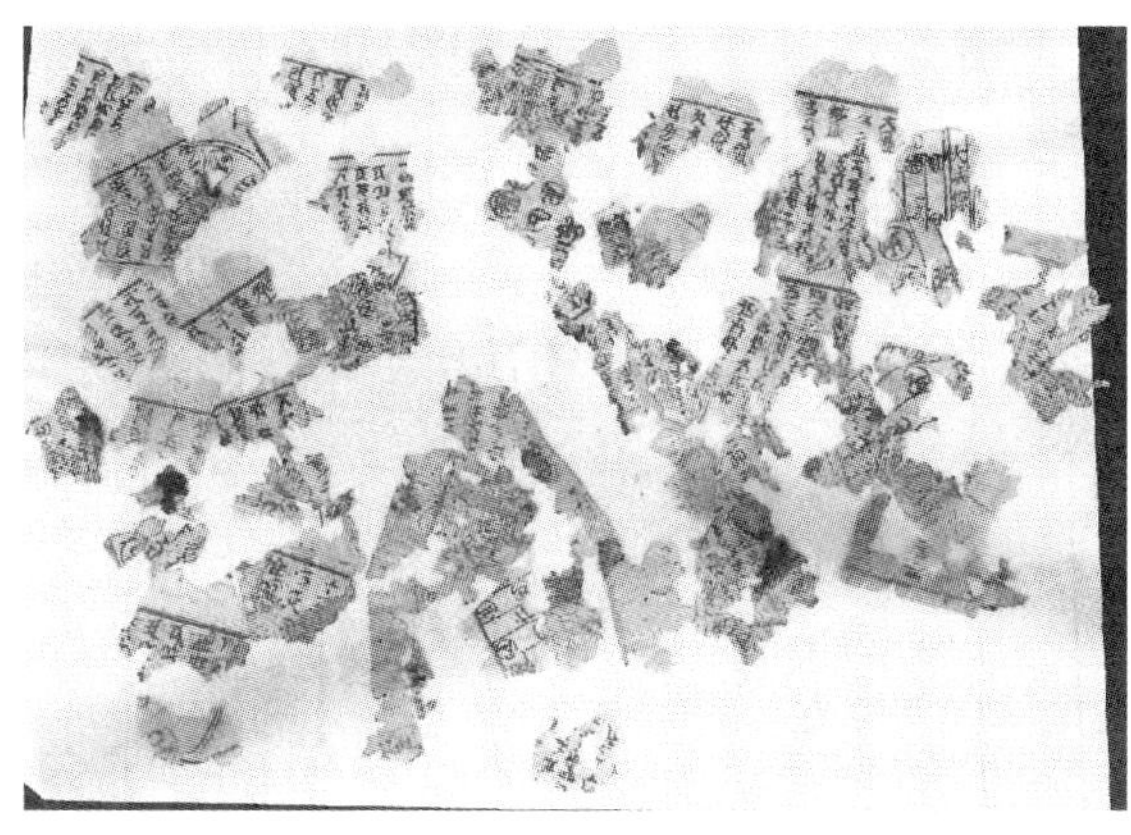

⑨「九重守」の小紙片

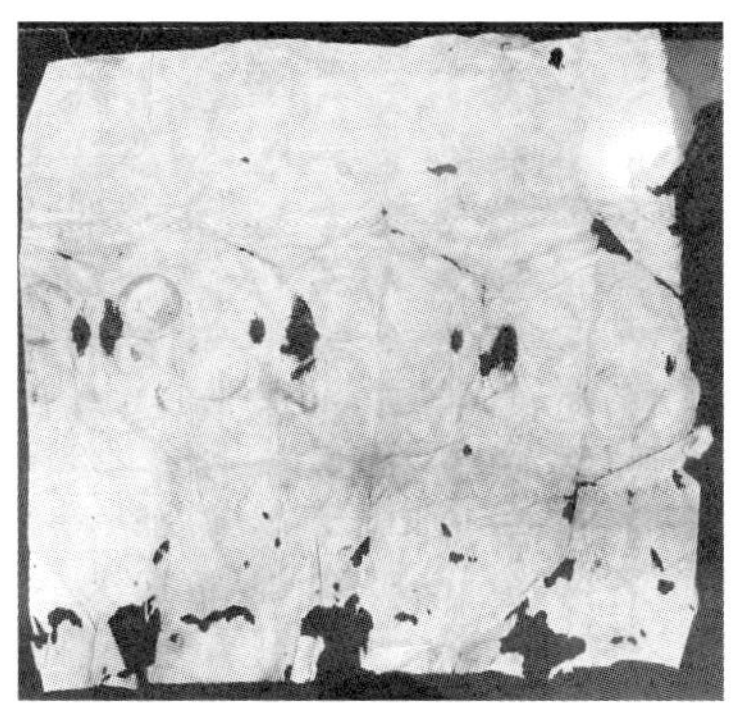

⑩　鏡を包んであった紙片

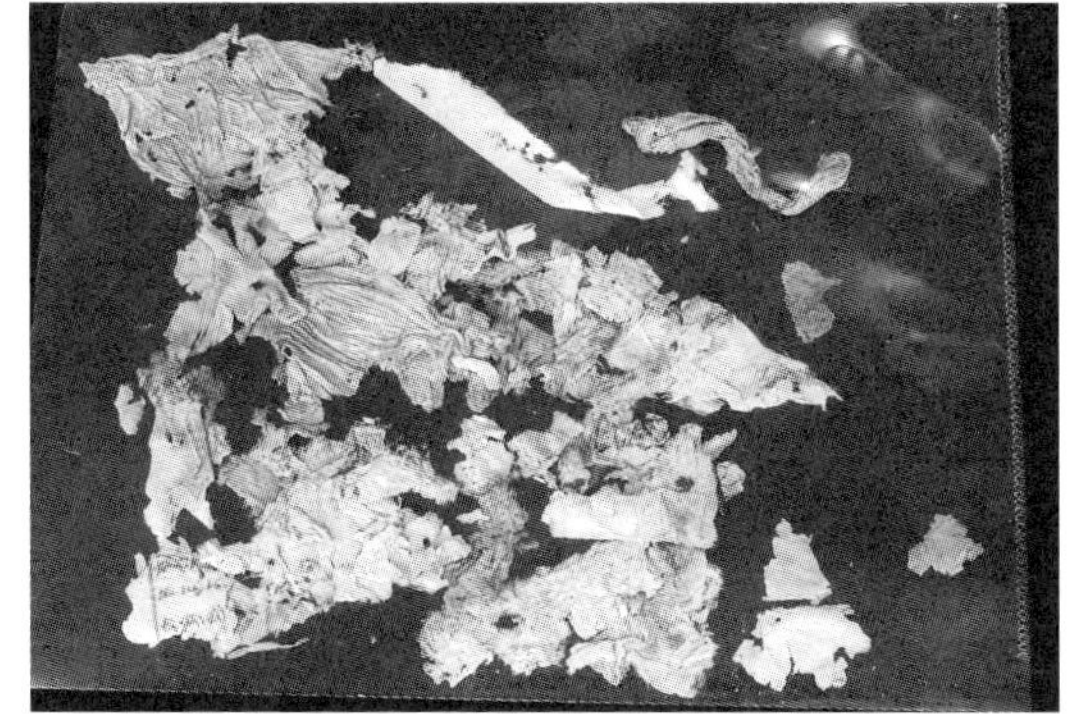

⑪　くるまった多くの小紙片

まっている小紙片もそうかもしれないが、それでも量的には少ない。⑨戸隠神社起請文、⑩般若心経が原形をほぼとどめているのに比べて、「九重守」は元の形には程遠い。最初からバラバラにして入れたのではないかとも思われる。では何故そうしたのかという新たな疑問も湧く。

⑫鏡を包んであった紙片（写真⑩）

紙片に鏡と同じ大きさの形の痕があり、鏡が包んであったのだろう。本紙片には、二本の短い線の墨跡があり、⑦の筆が一緒に包まれていたと思われる。

⑬くるまった多くの小紙片（写真⑪）

完全にくるまってしまっている紙が幾つかある。広げることが難しいため、何が書いてあるのか不明である。

十一面観音の像内納入品の数々を考える時、造像に際して多くの人々の協力があり、種々の思いが詰まっていることを想起させる。

自身の母親の菩提を弔うことを中心に置くのは、畢竟自分の満足が優先されてしまう。筆者は、円空を庶民の中に生き、庶民のために造像、布教した宗教家として評価したいと思っている。

（『ガンダーラ会報』78号　二〇一九年七月）

各地の像内納入品のある円空仏

埋込みのある円空仏は、令和三年時点で一四体が確認される。各々の像をおおよそ制作順に並べると次の通りである。

（○囲みの数字は、中身が確かめられている像）

1　阿弥陀如来　一六四・五cm　（埋込み）七・三×三・三cm　名古屋市千種区田代町・鉈薬師
不明（開けられていない）

2　日光菩薩　一四九・五cm　（埋込み）六・二×三・五cm　名古屋市千種区田代町・鉈薬師
不明（開けられていない）

③　十一面観音　二一三・四cm　（埋込み）一〇×一〇cm　岐阜県羽島市上中町・中観音堂
前稿「十一面観音の像内納入品」参照

④　阿弥陀如来　六六・〇cm　（埋込み）三・一×一・五cm　岐阜県羽島市上中町・中観音堂
仏舎利石五個及びそれを包んだ「金剛界五仏種子」の書かれた紙片

⑤　不動明王　七三・九cm　（埋込み）二・七×一・六cm　岐阜県羽島市上中町・中観音堂
仏舎利石九個及びそれを包んだ「梵字九字」の書かれた紙片

⑥　釈迦如来　三四・〇cm　（埋込み）一・八×一・二cm　岐阜県羽島市・個人蔵
仏舎利石五個及びそれを包んだ「金剛界五仏種子」の書かれた紙片（写真①）

① 釈迦如来　岐阜県羽島市・個人

7　観音菩薩　四〇・五cm　（埋込み）四・二×三・六cm　岐阜県多治見市大原町・普賢寺
不明（開けられていない）

8　観音菩薩　五六・五cm　（埋込み）一・六×一・四cm　岐阜県揖斐郡揖斐川町・瑞巌寺
不明（開けられていない）

⑨　観音菩薩　三一・八cm　（埋込み）二・二×一・三cm　愛知県犬山市小島町・妙感寺
仏舎利石一個及びそれを包んだ「金剛界五仏種子」の書かれた紙片

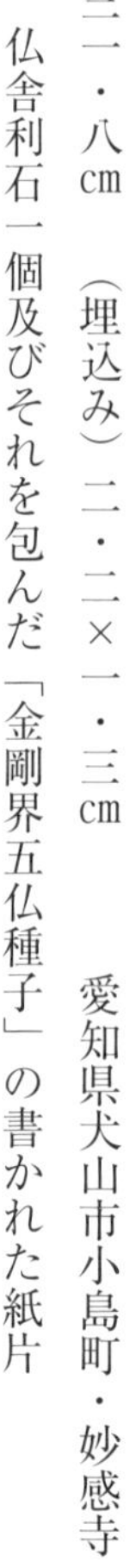

10　秋葉三尺坊　四八・二cm　（埋込み）三・七×〇・九cm　愛知県北名古屋市院田・薬師堂
不明（開けられていない）

⑪　観音菩薩　一三七・〇cm　（埋込み）一二・四×三・八cm　奈良県吉野郡天川村・栃尾観音堂
仏舎利一個及びそれを包んだ「金剛界五仏種子・寛文〇年作之」等の書かれた紙

片と黒く塗られた観音菩薩像

⑫　観音菩薩　一六五・二cm　（埋込み）四・四×四・六cm　三重県志摩市志摩町・三蔵寺
仏舎利石一個及びそれを包んだ「奉転読大般若経祈所背不可○○○教五眼○放○○薩」の書かれた紙片

13　両面仏　一六五・○cm　（埋込み）四・五×二・○cm　三重県三重郡菰野町・明福寺
不明（開けられていない）　（阿弥陀如来）

14　峯児大権現　二八・八cm　（埋込み）四・八×一・七cm　岐阜県関市広見・松見寺
不明（開けられていない）

挙げた像の内13両面仏の埋込みは、他の像が背面にあるのに対して、両面の片側である阿弥陀如来の前頭部にある。只、趣旨は同じと思われ同一範疇で考えていく。なお、岐阜県郡上市八幡町・大日堂に安置されている平安時代後期の大日如来像の腰部背面に刳貫があり、そこに背面が貼り付けられている円空の大日如来（四・九cm　注・筆者は虚空蔵菩薩と思っている）が納入されていることが報告されている（注32）。ただ、本体像が円空作ではなく、納入像は円空が民家に遺す小像と同じ様式であり、背面が貼り付けられている等、他の像内納入像とは形式を異にする。恐らく後年何らかの理由で、民家にあった像が納入されたと思われる。

一四体の像は、棟札や周辺の資料、様式上の観点から考察すると、寛文九年から延宝二年の五年間程のうちに造像されたものと考えられる。

筆者は、円空が自身の像の様式を確立していく過程は、寛文九年の鉈薬師諸像が変化を始めた最初であり、その後幾多の様式上の変遷を経て、延宝二年の志摩半島での造像で完成したものと思っている。そして円空が背面に刳貫をして像内納入品を入れたのは、この「円空様式」ともいうべき様式確立の過程の時期とほぼ重なっている。造仏が円空の信仰の証しであったことは疑いのないところであり、造像の変容が円空の信仰の深化と重なりあうことは十分考えられることである。従って像内納入品を入れるという一つの信仰行為と、「円空様式」確立の過程とは何らかの関連があると考えられる。

円空が刳貫・埋込みをしたのは、恐らく名古屋市千種区・鉈薬師の阿弥陀如来と日光菩薩が最初であろう。鉈薬師は、寛文九年に明から渡来してきた張振甫の発願によって建立され、その時に円空仏も造像されたと思われる。鉈薬師諸像が、中国風の感じがし、張振甫の意向が働いているであろうことはよく指摘されるところである。そして実は、埋込みが鉈薬師で始まっていることは、これもまた、張振甫の意向が働いていたのではないかという推測をさせる。張振甫は、清によって滅ぼされた明から日本へ亡命してきたのであり、身近な人の多くが命を落したであろうことは想像に難くない。従って張振甫が仏像を祀るという発願の動機の一つに、これらの人々の追善供養があったことが考えられる。この供養という延長線上に、像の背面に刳貫をして像内納入品を入れるという行為があったと思われる。

奈良県吉野郡天川村栃尾・観音堂の観音菩薩背面刳貫の中には、仏舎利一顆と破損した紙片と共に、黒く塗られた小観音菩薩像が納入されていた。

紙片は裏打ちされて保存されているが、紙片の墨書中に「寛文 造之」という文字が判読されるのが貴重である。又、書かれている梵字はつなぎ合わせれば「金剛界五仏種子」が読みとれる。尚、埋込みの裏側及び背面一杯にも「金剛界五仏種子」が墨書されている。

注目されるのは、一緒に納入されていた真黒に塗られた小観音菩薩像である。像内納入の行為が供養の為であり、そこに共に収められている像が黒く塗られていることは、供養する人の彼岸における守り本尊として、円空が造像したものかも知れない。

愛知県犬山市小島町・妙感寺に祀られる観音像の刳貫内には、仏舎利一顆が「金剛界五仏種子」の書かれた紙片に包まれて納入されていたことが報告されている（注33）。

三重県志摩市志摩町・三蔵寺の観音菩薩刳貫内には、仏舎利一顆と梵字及び漢字「奉転読大般若経祈所、背不可○○教五眼○放○○薩」が書かれた紙片が納められている（注34）。梵字の全体は読みとれないが、「[illegible]」（タラーク・宝生如来種子）があり、「金剛界五仏種子」であると思われる。三蔵寺の観音菩薩像は、同地に遺る大般若経奥書等によって延宝二年の造像と位置づけられる。

三重県三重郡菰野町・明福寺の両面仏は、明治の神仏分離の際に、伊勢市の神宮寺から当地へ遷座した像とされるが、様式上と地理上から、三蔵寺の像と同じ頃に造顕されたものと思われる。両面仏の一方の阿弥陀如来前頭部に埋込みがある。円空が、背面に刳貫をして像内納入品を入れた像は、これ以後は見当たらない。円空は、この頃に像内納入品を入れるという行為をしなくなったと思われ、像内納入品に込めた〈供養〉という円空の信仰内容に結論が得られたとも考えられる。延宝二年は円空が造形上において「円空様式」を確立させた年である。円空の信仰の一つの結着が、造像に反映して「円空様式」確立をもたらせた一因であるかもしれない。

もっとも、延宝二年に円空仏の様式が、それ以前と較べて百八十度転換したということではなくて、寛文九年より五年間に亘って像容は漸次変化してきている。例えば、寛文末年造像の栃尾観音堂に祀られる荒神（護法神）は、「円空様式」の抽象性と面の構成を具備した像といえるが、まだ幾許かの硬さをもっている。延宝二年の志摩半島の像において、こうした硬さのとれた「円空様式」が指摘でき、以後その様式で多数の像が造像されていることから、この期における「円空様式」確立が考えられるのである。この自己の様式確立ということによって、円空は造像の確信を得たことであろうし、或いはそのことが逆に円空の信仰の変化をもたらしたのかもしれない。

ところで、埋込みのある像一四体中、納入品が判明している七体のうち、四体には「金剛界五仏種子」の書かれた紙片が入れられている。多治見市大原町・普賢寺の観音菩薩及び揖斐郡揖斐川町・瑞巌寺の観音菩薩像の背面埋込みは閉ざされたままであるが、両像共背面一杯に「金剛界五仏種子」が墨書されている。また、羽島市中観音堂・阿弥陀の背面、奈良県栃尾観音堂の背面と埋込みの裏側にも「金剛界五仏種子」が書かれている。

以上の様に、刳貫・埋込みのある像と「金剛界五仏種子」とは繋がりが指摘される。金剛界は「金剛」という字の如く強い意志の世界とされる。像内納入品を入れるという行為から考えられる「供養」ということは、円空の強い意志に基づいていたのだろうか。ところが実はこの「金剛界五仏種子」は延宝二年で終わっている訳ではなく、もう少し後の時期まで書かれている。この件に関しては、「第四章　円空仏の背面梵字墨書」（207頁〜237頁）で詳述する。

（『円空研究』16号　一九九三年九月）

第四節　護法神の中に見る円空の自身像

円空の護法神

円空仏の中に、背面に「護法神」と書かれてある像が管見では七体ある。又、「護法神」を示していると思われる種子「[梵字]」（ウン）が書かれている怒髪の像が三体ある。その他「護法神」と呼称されている像も多い。ところで、「護法神」というのは実は普通名詞であって尊名ではない。字面的には「法＝仏法」を「護」る「神」であり、一般的には、インドのバラモン教の神々が仏教に取りいれられ、「護法神」に位置づけられた天部像を指している。天部像だけではなく、さらに広く「護法」と考えられる像を言うこともある。

円空仏の背面に「護法神」と墨書された像は次の七体である。

(1) 五七・八cm 背銘（以下同）「[梵字]（ウン）　護法神　イクタヒモタエテモタツル三會テラ九十六ヲクスエノヨマモ（マゝ）圓空（花押）」　名古屋市中川区・荒子観音寺

(2) 六〇・二cm「乙丸乙護法」（刻書）　名古屋市中川区・荒子観音寺

(3) 四七・五cm「大護法善神　幾度モタエテモタツルミエノテラ九十六オクスエノヨマテモ　圓空（花押）」　愛知県江南市村久野町・音楽寺

⑷　四六・二cm「[梵字]（イ・文首記号）[梵字]（ウ・最勝の）　延寶己未　[梵字]（ア・胎蔵界大日如来）□□　護法神
納座右寺」　岐阜県羽島市上中町中・中観音堂（※□は不明・以下同）

⑸　二九・一cm「[梵字]　護法大善神　[梵字]（シリー・吉祥）　大乗院」　埼玉県春日部市小渕・観音院

⑹　三四・二cm「[梵字][梵字][梵字]（バン・金剛界大日如来）　護法神」　岐阜県飛騨市神岡町・薬師堂

⑺　三三・八cm「[梵字][梵字][梵字]　神明　護法神」　飛騨市神岡町・薬師堂

⑴の像の背銘中央に大きく「[梵字]」と書かれており、円空は「護法神」を示すために種子「[梵字]」を使っていたと思われる。円空像の中に「[梵字]」が書かれた像は多くあるが、怒髪で「護法神」と推定される像は、次の三体である。

⑻　四九・七cm「[梵字][梵字][梵字][梵字][梵字][梵字]（カーンマン・不動明王）[梵字][梵字]□[梵字][梵字]（ボローン・一切結合）
[梵字]（ダ・文末記号）」　奈良県吉野郡天川村・栃尾観音堂（※「荒神」かもしれない）

⑼　二〇・二cm「[梵字][梵字]（カーン・不動明王）[梵字]（ベイ・毘沙門天）[梵字][梵字][梵字][梵字][梵字]（アビラウンケン・
胎蔵界大日如来報身真言）」　伊勢市勢田町・中山寺

⑽　七・六cm　「[梵字][梵字][梵字][梵字][梵字]（ベイシラマンダヤ・毘沙門天）」　愛知県北名古屋市高田寺・高田寺

その他「護法神」と呼称されている多くの円空像がある。

⑾　名古屋市中川区荒子町・荒子観音寺（一二七・〇cm）

⑿⒀⒁　岐阜県羽島市上中町長間・薬師寺（三四・二cm、四六・五cm、五〇・八cm（写真①））

⒂　岐阜県郡上市美並町・熊野神社（二七・八cm）

⒃　岐阜県関市下有知・神光寺（五六・〇cm）

⒄　関市下有知・個人（二一・八cm）
⒅　関市下有知・個人（二八・七cm）（写真②）
⒆⒇　岐阜県美濃市立花・六角堂（六八・〇、六三・五cm）
(21)(22)　さいたま市見沼区島町・薬王寺（四五・七、三一・二cm）
(23)　関市上之保・鳥屋市不動堂（四六・九cm）
(24)　岐阜県高山市丹生川町・千光寺（五八・〇cm）
(25)　高山市丹生川町・住吉神社（七九・〇cm）など数多い。

特異な形態で、尊名がつけ難く「護法神」と思われる像は、次の五体である。

(26)　三重県志摩市阿児町・少林寺（九一・五cm）（写真③）
(27)(28)　高山市丹生川町・千光寺（二二二・〇、二一五・〇cm）
(29)(30)　高山市千島町・飯山寺（二一五・〇、二一五・〇cm）

円空が「護法神」として造像したと特定される一〇体のうち最初に彫った像は、⑻の奈良県吉野郡天川村・栃尾観音堂の「護法神」である。同所に安置されている観音像の像内納入紙片に書かれていた「寛文□作之」により、前後の足跡から恐らく寛文十三年（一六七三・四二歳）頃の造像と考えられる。なお、本像は従来「護法神」と呼称されてきた。近年、本像は元々現在安置されている観音堂ではなく、個人所有の小祠堂に祀られていた、その後個人宅の納屋や台所に安置されていたのが、縁あって現観音堂に祀られるようになったと聞く。個人の台所に祀られていたこともあるとすれば、本像は「護法神」とするより「荒神」としたほうが適当かもしれない。因みに荒神の種子も[illegible]である。

(9)伊勢市勢田町・中山寺の「護法神」は、円空が伊勢路を巡錫した延宝二年（一六七四・四三歳）の初めであろう。

(1)と(2)及び(11)の名古屋市中川区・荒子観音寺に祀られている「護法神」は、同寺蔵『淨海雑記』に記される延宝四年（四五歳）造像としてほぼ間違いない。

(3)江南市村久野町・音楽寺の「大護法善神」も、様式、同寺の十二神将の背刻、金剛界五仏種子の墨書等から、荒子観音寺と同じ延宝四年頃の造像と思われる。

(4)羽島市上中町中・中観音堂の像は背銘中に延宝七年（四八歳）の年号がある。

(5)春日部市小渕・観音院の「護法神」は、同寺蔵・蔵王権現の背面墨書の「[illegible]」と「[illegible]」の配列が(4)の羽島市・中観音堂の「護法神」と全く同じであるところから、延宝七年をあまり隔たらぬ頃の造像と推定される。

(10)北名古屋市高田寺・高田寺の「護法神」は、後頭部に「[illegible]」が書かれているところから貞享元年（一六八四・五三歳）以後の造像と思われる。

(6)と(7)の飛騨市神岡町・薬師堂の「護法神」二体は、円空が飛騨巡錫をした元禄三年（一六九〇・五九歳）頃の造像が考えられる。

以上述べてきたように、円空は生涯を通じて「護法神」を造像しており、円空にとって「護法」が大きな「願」であったといえる。

全国各地の「護法神」と呼称される像のうち、多くの像に共通した様式は怒髪ということである。(14)の羽島市上中町長間・薬師寺の像の一体（写真①）は、髪の先端が丸くなっており、「護法神」よりも金剛童子の尊名

右・⒁
左・⒀

① 岐阜県羽島市上中町長間・薬師寺

③ 三重県志摩市阿児町・少林寺

② 岐阜県関市下有知・個人

のほうがよいかもしれない。⒅関市下有知・個人の像（写真②）は、髪先端が尖っており顔の表情は厳しい。背面に多くの梵字が書かれており、その中に「[梵字]」もあるが中央ではなく、一概に「護法神」としてよいのか迷う像である。⒂郡上市美並町・熊野神社、㉔高山市丹生川町・千光寺及び㉕同・住吉神社の「護法神」は、怒髪に加えて長髪を肩に垂らす垂髪にもなっている。

「護法神」と呼称される像は何も持っていない像が多いが、宝珠（⑾名古屋市・荒子観音寺、⒂郡上市美並町・熊野神社）、独鈷杵と太刀（⑵名古屋市中川区・荒子観音寺）、独鈷杵と金剛鈴（⑶江南市村久野町・音楽寺）、蓮の蕾（㉓関市上之保・鳥屋市不動堂）を持っている像もあり、㉕の高山市丹生川町・住吉神社の如く両手で宝棒を下げている像もある。㉑さいたま市見沼区島町・薬王寺の像は両手で鉞を下げており、㉒の像は壺様の何かを持っている。両像とも怒髪で「護法神」でも良いと思うが、実体は何であるのか不明である。

㉖志摩市阿児町・少林寺の像（写真③）は、木の根に顔面部のみ強い切り込みが施されている極めて抽象性の強い迫力ある造形である。はたして一体何が円空にこのような激しい造形をさせたのだろうか。あるいは「護法神」の名が最も相応しい像かもしれない。

㉗㉘高山市丹生川町・千光寺及び、㉙㉚の高山市千島町・飯山寺の二体一対の像は、従来金剛神と呼ばれてきた。しかしながら、金剛神は一体ならば執金剛神のことであり、二体対では仁王像である。これらの像はとても仁王像には見えず、円空が遺している仁王像ともまるで違っており、金剛神の尊名は相応しくない。これらの像が持っているものも不明であり、怒髪、垂髪の頭部から、広い意味での「護法神」としておきたい。

護法の歌

「護法神」の(1)、(3)の背面に書かれている歌と同種の歌が、他に三首合わせて五首詠まれている。

①イクタヒモタヘテモ立ル法之道九十六億　スエノヨマテモ　圓空

（大般若経　第二百八十一）三重県志摩市志摩町片田・片田地区

②イクタヒモタヘテモタルル法ノミチ九十六ヲク末ノ世マテモ

（大般若経　第六十二）志摩市阿児町立神・薬師堂

歡喜沙門

③（前出(1)・護法神背銘）名古屋市中川区・荒子観音寺

④（前出(3)・大護法善神背銘）江南市村久野町・音楽寺

⑤幾度もたへても立つ三會の寺五十六億末の世までも　二二二

（歌稿）関市洞戸高賀・高賀神社

少しずつ字句が異なるが、五首とも弥勒菩薩が五十六億七千万年後にこの世に下生して九十六億人の衆生を済度するまで、仏法を守り抜こうという「護法」に対する円空の強い決意が示された歌である。

①は、この歌が載っている大般若経中に「延寶貳年寅之三月吉日」の文字があり、延宝二年三月に詠まれたことがわかる。

②は、円空が当所で大般若経を修復した旨を記した文書に「干時延寶貳甲寅天八月十五日」の日付が記されている。

③④が①②の歌の詠まれた二年後の延宝四年の作であることは前述の通りである。
⑤は、①～④の歌にでてくる「九十六億」が、「五十六億」に訂正されていることから、さらに後年に書かれたものだろう。

信受護法

名古屋市・荒子観音寺の千面菩薩一〇二四体は、昭和四十七年（一九七二）に同寺の多宝塔内から発見された。千面菩薩の納められていた厨子の前面中央には「[illegible]（サ・観音種子）南無大悲千面菩薩」とあり、四隅の向かって右上から「鎮民子守之神」「觀喜沙門」「四鎮如意野會所」「信受護法」（写真④）と書かれている。厨子背面には「是や此之　クサレルウキ々　トリアケテ　子守ノ神ト　我は成なり」（写真⑤）という歌がある。

千面菩薩の尊名は、仏教の辞典類には載っておらず円空の独創と思われるが、千の菩薩による千の救いを表しており、円空の造像の理由を示す名称とも言える。

背面の歌は「たとえどのように朽ちた素材からでも　普く衆生を救うための神仏像を　私は彫るつもりである」と筆者は解釈している。円空の造像に対する考え方が如実に現れている歌だと思う。

歌の中にある「子守り」に「籠り」の意味があることを論破されたのは水谷早輝子氏である（注35）。籠った

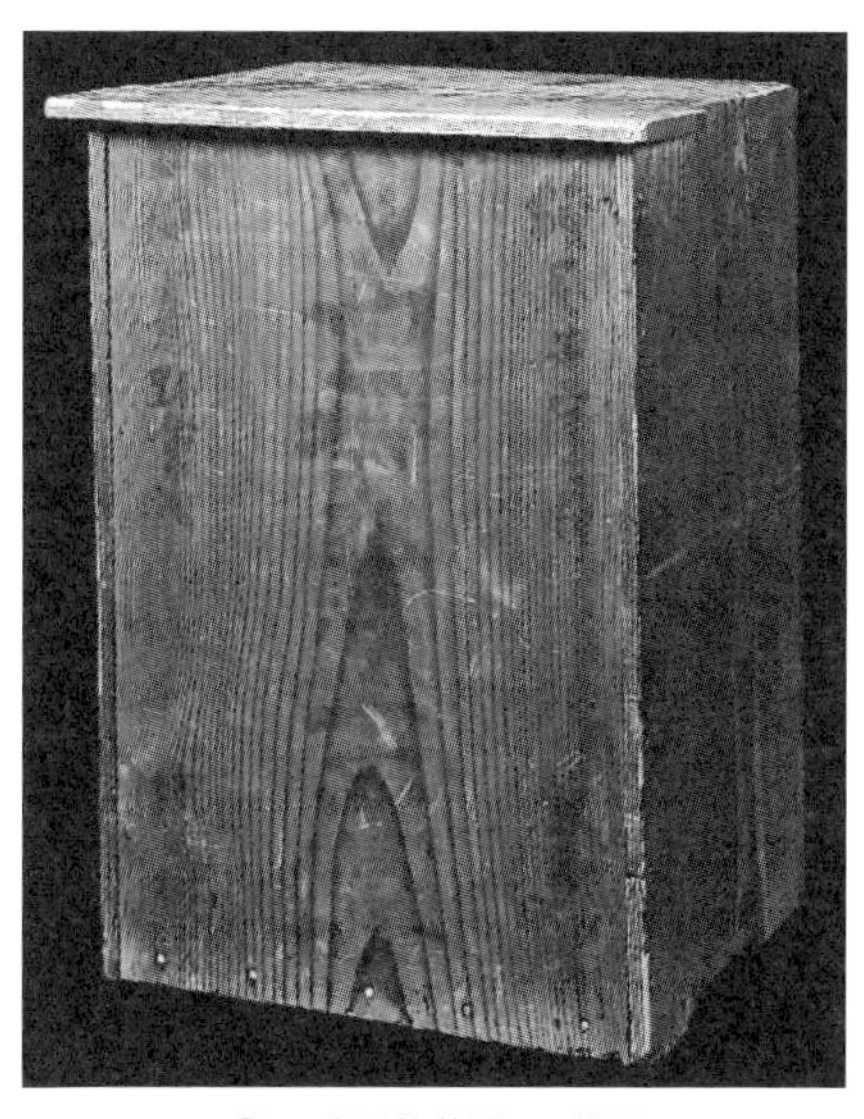

④　千面菩薩厨子 前面

鎮民子守之神　観喜沙門

南無大悲千面菩薩

四鎮如意野會所　信受護法

⑤　千面菩薩厨子 背面

是也此之クサレル

ウキ々

トリアケテ

子守ノ

神ト我盤成奈里

神々が再生することは、天照大神の岩戸隠れと再出現に原初的例を見る如く日本人に連綿としてある考え方であり、円空はいつでも庶民の救済にかけつけるべき千の菩薩を籠らせたのではないだろうか。奇しくも混沌たる現代にその姿を現わしたことは、円空仏がまさに私たちを救済するために出現したのだ、と思いたい。

千面菩薩には、円空の信仰、円空の造形が凝縮されている。そしてその厨子表面の最後に「信受護法」と書かれている。円空は自ら「護法」たらんことを「信」じて「受」けると解釈できる。円空の「護法」の実践は、多くの造像による庶民救済（「鎮民子守之神」、「四鎮如意野會所」）であり、そのことを円空が宣言している文言であると思われ、その時の心境を、「觀喜沙門」と吐露している。

円空の自身像

像として表された「護法神」の像容は様々であるが、「護法神」は普通名詞であって尊名を示している訳ではない。従って、「護法神」といってもその実体は各々異なっている。

「護法神」と特定できる十体の像のうち、(2)の名古屋市中川区・荒子観音寺の像は背面に「乙丸乙護法」という刻書があり、「乙丸」という名前の「乙」（若い）「護法」神であることがわかる。

(4)羽島市上中町中・中観音堂の像は、兜を着けた像容と右肩の上に彫られた動物の顔から考えれば、天部である十二神将像の一体と思われる。中観音堂には、この像と像高がほぼ同じの兜を着けた像があり、近くの上中町沖・稲荷神社にも類似の像がある。この三体は、以前は十二神将の一部であったと考えられ、そうすれば九体の十二神将像とさらには薬師三尊も失われたことになる。当地は洪水がしばしばあり、中観音堂にはかつて数百体におよぶ円空像があったとも仄聞するので、多くの像が流失したことも考えられる。

(5)春日部市小渕・観音院と(6)の飛騨市神岡町・薬師堂の像は、像容から、明らかに実体は烏天狗である。(7)飛騨市神岡町・薬師堂の像は、円空がよく彫る稲荷大明神の形態である。

円空は、日本特有の烏天狗、稲荷も「護法神」として考えていたことがわかる。

(1)の名古屋市中川区・荒子観音寺の「護法神」は、激しく天を突く怒髪であり、厳しい決意を内面に秘めた表情の像である。筆者はこの「護法神」の実体は円空自身だと思う。背面に記された歌は、自らが護法たらんとする表白と思われる。歌の後に大きく「圓空」と書かれていることは、自身の像であることを示しているかのようである。

円空の「護法神」の最初は、寛文十三年の(8)の奈良県吉野郡天川村・栃尾観音堂の像とされる。只、本像は「荒神」とも考えられ、「護法神」の最初におくのは適当でないかもしれない。

延宝二年には志摩市で「イクタヒモ　タヘテモ立ル　法之道……」の歌を詠んでいる。この頃円空には、仏法が必ずしも正常には機能していないという気持ちがあったことを、この歌は物語っている。そしてこの年、円空は激しい気迫を感じさせる(26)の志摩市阿児町・少林寺の「護法神」を造像している。この像は、円空の「護法」へのエネルギーが抽象的に結実した表出と思える。

それから二年後の延宝四年、円空は信仰的にも、造像上でも共に頂点を迎える。

荒子観音寺に現存するだけでも一二五六体の夥しい数の円空仏の大半は延宝四年中に造像されたと思われる。

円空のそれまでの道程は、荒子観音寺で集約され、その後の展開は荒子観音寺での造像を基としている。荒子観音寺での造像の有り様を端的に示しているのが、千面菩薩である。

荒子観音寺に祀られる円空仏の配置を示した最も古い記録は、天保十二年（一八四一）刊の『尾張名所図会』であり、「……脇檀に護法神あり、亦同作にして、其背中に一首の和歌を自筆にて『いくたびも絶へてもたつる三会寺五十六億末の世までも　円空』又同檀に千面仏の箱あり、師の直封にて敢えて開くものなし、箱の裏に又一首をとゞむ『これや此くされる浮木とりあげて子守の神と我なしにけり』……」とある。

歌の写しに少しの異動があるがこの記述によって、千面菩薩と「護法神」が一緒に置かれていたことがわかる。千面菩薩には、円空の信仰、円空の造形が凝縮されている。そしてそれを九十六億年護るために「護法神」として自身を彫像し、傍らに置いたのだろう。さらに厨子に「信受護法」と書き、「護法神」たらんと決意した円空の強い意志を示している。

(3) 江南市村久野町・音楽寺の「大護法善神」の背面には、荒子観音寺の「護法神」とほぼ同じ歌が書かれている。いくつかの観点から両像は同じ頃に造像されたと考えられる。

音楽寺の「大護法善神」は、目を細め、口許に微笑を浮かべ穏やかな表情をしており、荒子観音寺の「護法神」の決意を内に秘めた厳しい表情と対照的である。

両像は表情の違いはあるが、音楽寺の「大護法善神」も筆者は円空の自身像だと思っている。背面に「圓空沙門」と大書しているところは荒子観音寺の「護法神」と同じであり、自分自身の像であることを示唆している。「護法神」として荒子観音寺から巡錫の旅に出た円空が、最初に彫った「護法神」がこの像であり、腰に太刀（山刀）を付け、右手に独鈷杵、左手に金剛鈴を持った立像は、円空の巡錫する姿を彷彿とさせる。

⑥ 高山市丹生川町・住吉神社「護法神」

背面の歌は円空の再自覚を思わせ、穏やかな表情は、「護法」の意志を確認し得た安堵感からだろうか。

円空の「護法」は、千面菩薩のところで述べたように、多数の造像による庶民救済である。その後の円空が「護法」の実践として、各地に夥しい数の像を遺していることは周知の通りである。

円空が各地に遺した像の中に多数の「護法神」像がある。その中の怒髪の「護法神」の多くは、円空の自身像だと筆者は思っている。

㉕高山市丹生川町・住吉神社の「護法神」(写真⑥)は、鋭い眼球と微かな微笑がみられる口許、がっしりとした体躯であり、宝棒を両手でしっかりと岩につけて立っている。その像容は、筆者が想定する「護法」の旅を続ける円空の姿である。

(『円空研究』26　二〇一〇年七月)

注

(注1)青木和夫他『古事記』岩波書店 一九八四年
(注2)青木和夫他『日本書紀上』岩波書店 一九七九年
(注3)五来重『円空佛　境涯と作品』淡交新社 一九六八年
(注4)梅原猛『歓喜する円空』新潮社 二〇〇六年
(注5)立松和平『芭蕉の旅、円空の旅』日本放送出版協会　二〇〇六年
(注6)上田春平『続・神々の体系』中央公論社　一九八五年
(注7)朝倉未魁『朝倉未魁の超訳ホツマツタヱ』インターネット版　二〇一七年
(注8)室賀寿男『天照大神は女性神なのか』インターネット版　二〇一七年

（注9）菊地展明『円空と瀬織津姫・下』風琳堂　二〇〇八年
（注10）小島梯次「鉈薬師の円空仏」『行動と文化』18　行動と文化研究会　一九九一年、「円空曼荼羅他」『円空研究』17　円空学会　一九九六年
（注11）『天台密教の本』学習研究社　一九九八年
（注12）小瀬洋喜「うたを詠む円空」『円空の和歌』岐阜新聞社　二〇〇二年
（注13）『曹洞宗日課諸經要集』永田文昌堂編集部　一九八九年
（注14）石井恭二訳『正法眼蔵』河出書房新社　一九九六年
（注15）内田武志・宮本常一編『菅江真澄全集第二巻』未来社　一九八一年
（注16）前掲（注15）
（注17）前掲（注15）
（注18）西川広平　近藤暁子「木食白導一代記」『山梨県立博物館研究紀要』第3集　山梨県立博物館　二〇〇九年
（注19）谷口知子「円空の和歌について」『円空　心のありか』惜水社　二〇〇八年
（注20）光宗「渓嵐拾葉集」『大正新脩大蔵経　第76巻』（続諸宗部　第7）　大正新脩大蔵経刊行会　一九六八年　日本記三論流」『真福寺善本叢刊第七巻』金剛院 宣聡求之　臨川書店　一九九九年、高野山随心院　清傳了識房「天照太神口決」『神道大系論訳編二・真言神道（下）』一九九二年、「伊勢二所皇太神　宮御鎮座傳記」『神道大系論説編五　伊勢神道（上）』神道大系編纂会　一九九三年（加藤正宜氏の御教示による）
（注21）谷口順三『讃円空仏』私家本　一九六七年
（注22）生駒勘七「木曽路の円空仏」『大法輪』第五十巻　第三号　一九八三年
（注23）清水克宏『岐阜秀山』ナカニシ出版　二〇一一年
（注24）前掲（注23）

（注25）谷口順三「美濃の円空仏」『美濃民俗』美濃民俗文化の会　一九七〇年

（注26）長谷川公茂「未来仏を作った円空」『羽島円空展』円空・羽島フェス開催実行委員会　一九八八年

（注27）五十住啓二氏の情報蒐集の御教示による。

（注28）長谷川公茂『円空、生母の鎮魂　円空の生涯について』羽島市円空顕彰会　二〇一九年

（注29）五十住啓二氏の御指摘による。

（注30）後藤正美氏の御指摘による。

（注31）二〇二一年一月一六日ＮＨＫ Ｅテレ「仏像に封印された謎」による。

（注32）高橋平明「岐阜県八幡町初音所在大日堂本尊像体内奉納仏所見（（財）元興寺文化財研究所）

（注33）棚橋一晃「現れ出た胎内曼荼羅」『美濃民俗第54号』美濃民俗文化の会　一九七一年

（注34）土屋常義『円空の彫刻』造形社　一九〇三年

（注35）水谷早輝子「忍び川」『円空研究23』円空学会　二〇〇五年

第三章　円空の歌

第一節　一七〇〇首余の歌

各地に遺る円空の歌

円空は神仏像のみならず、一七〇〇首余におよぶ膨大な歌を遺している。円空の歌は、大般若経（三重県志摩市片田地区、同立神地区、および群馬県富岡市一ノ宮・一之宮貫前神社旧蔵和歌と漢詩の二首）に添書きされた四首、像の背面（名古屋市中川区荒子町・荒子観音寺の護法神、愛知県江南市村久野町・音楽寺の護法神、滋賀県米原市春照・太平寺観音堂の十一面観音に二首）の四首、千面菩薩厨子背面（荒子観音寺）に書かれた一首、岐阜県関市洞戸・「高賀神社・歌稿」一六〇〇首余、および貞享二年（一六八五）頃に書かれたと思われる岐阜県高山市丹生川町・千光寺の『けさの二字に男童子歌百首 作者圓空』の一〇〇首を合せて一七〇〇首余が数えられる。そのうち漢詩が一〇首あり、和歌は一六九〇首余になる。ただ、「高賀神社・歌稿」は発見された時にはバラバラの状態であった（注1）ということであり、散逸した可能性もあり、実数はもっと増えると思われる。また、『けさの二字に男童子歌百首 作者圓空』と「高賀神社・歌稿」は、同じ歌が七十四首重複しており、また経年による傷みでほとんど読み取れない歌も何首かあるが、いずれも一首として数えてある。

円空の歌で歌集として纏められているのは千光寺の『けさの二字に男童子歌百首 作者圓空』のみであり、

像背等に書かれた数首を加えて、他人の眼に触れるように詠まれた歌は一〇九首（漢詩二首を含む）に過ぎない。残りの一六〇〇首余は、高賀神社の大般若経見返しに貼られていたものである。

経文・像背・厨子に書かれた歌

詠まれた年号がわかる円空の最初の歌は、延宝二年（一六七四）四三歳の時で、三月に三重県志摩地方において、大般若経に書き添えられたれた歌「イクタヒモタヘテモ立ル法之道九十六億スエノヨマテモ（大般若経第二百八十一　志摩市志摩町・片田地区）であり、同年六月～八月の間に同市立神地区で詠まれた同趣旨の歌がある。次に延宝四年、荒子観音寺と音楽寺の護法神像背面に書かれた二首である。これら四首の歌は、一部語句は違うけれども同じ内容の弥勒信仰に基づいた護法の歌であり、円空の「護法」に対する強い信念を思わせる。

荒子観音寺の千面菩薩厨子背面に書かれた歌「是や此之クサレルウキ々トリアケテ子守ノ神ト我は成なり」は、円空が造像に際して材は選ばないという、円空仏の本質をずばりと表わしている。

一之宮貫前神社旧蔵の大般若経断簡に書かれていた歌「いくたひもめくれる法ノ車仁ソ一代蔵モ輕クトヾロケ」は、大般若経を読了した円空の充実した気持ちが感じられる。

同般若経に書かれている漢詩七言絶句「十八年中動法輪　諸天晝夜守奉身　刹那轉讀心般若　上野ノ一ノ宮

今古新」の第一句により、十八年前に布教を始めたことがわかる。「動法輪」の「法輪」は、仏教の教えであり、本来の仏教語では「転法輪」である。「動法輪」は円空の造語と思われ、「転法輪」より、より強い円空の意志が感じられる。この漢詩が書かれたのは延宝九年五〇歳の時であり、十八年前といえば寛文三年（一六六三）三二歳で円空が造像を始めた年である。これは、円空が自分にとっての「布教」とは「造像」である、と自ら表白しているということになり、極めて貴重な句である。

かつて伊吹山西側三合目にあった滋賀県米原市の太平寺集落の観音堂に祀られていた十一面観音の背面に、「元禄二年」（一六八九）の年号と共に、和歌と漢詩が書かれている。七言絶句の漢詩「桜朶花枝艶更芳　観音香力透蘭房　東風吹送終成笑　好向莚前定幾場」は、「桜の花が満開である　観音の功徳のような（桜花の）香りが一面に漂っている　東風（春風）が吹き春爛漫のこの時に（十一面観音を）造像し終わった　さあこの像を祀る場所を定めよう」と解釈できよう。

「於志南辺天　春仁安宇身乃　草木末天　誠仁成留　山櫻賀南」という和歌も「春に出会う（近江の）すべての草木は本来の真実の姿を現す　その中の山桜から誠の（十一面観音を）彫り上げました」と内容は漢詩と同じである。

北海道伊達市有珠町・善光寺に安置されている観音像には、「うすおく乃いん小嶋　江州伊吹山平等岩僧内　寛文六年丙午七月廿八日　始山登　圓空（花押）」という背刻がある。「寛文六年」に、円空は「江州伊吹山平等岩僧内」を名乗っており、それ以前に伊吹山で修行をしていたことがわかるが、その時期を示す資料はない。「伊福山法ノ泉の湧出る水汲玉ノ神かとぞ思ふ　六一二」と伊吹山の神を崇敬する歌も詠んでおり、終生に渡って伊吹山に心を寄せていたことが窺われる。

第二節　高賀神社・歌稿

歌稿の概要

高賀神社の歌稿一六〇〇首余は、円空が大般若経を巻経から折経に変更した時に、それまで多年にわたって書いてきた歌集をほぐして、見返しに使ったものと思われる。従って、大半の歌は他人に読ませるものではなく、自分流の文字で、所々墨線で無雑作に消されたりしていて、大変に読み難い。本書では岐阜県から出版された『円空の和歌』（注2）の活字部分を参考にさせて頂きながら、付されている写真版から解読したものである。和歌の下の数字は、同書につけられている整理番号を示している。

歌の上に、各種記号と文字が書かれているが、棚橋一晃氏は、「……季節を表すもののほかに、「佳」は佳歌、宝珠形は神祇歌、三日月は釈教歌、「玉」は土地の歌、「井」は祝の歌を示すものと見られる……」（注3）とされている。例外的な歌も散見するが、筆者もほぼ同意見である。ただ、「〇」と「□」の意味は明確ではない。因みに宝珠形（◯）の歌は百九十二首、三日月（☽）は二百十一首あり、神、仏の歌がほぼ同数で、神仏混淆という日本人の信仰形態が、像に加えて歌においても反映している。

宗教家の歌は、本来神仏に捧げるものだといわれる。円空の「高賀神社・歌稿」も神仏崇敬の歌が一番多いが、自然の賛美、自身の心情、生活の中の諸事、あるいは本歌取りした歌等自由に詠まれている。

詠まれている内容には飾り気がなく、素直な心情が吐露されていることが読みとれる。円空の信仰、人物像を考えていく上で、歌の内容をみていくことは極めて有効と思われる。

歌稿の分類

年号の書かれた歌

○辛（カノウト）の酉（ノトリ）□□□泉は玉なれや宮井目出度祝染つ、　二八四

○甲子の年のおわり降雪は年夜祭る神かとそ思ふ　二九五

☽皇元（ノモトサイワイ井ト）　禄　祝らん白馬に作る万代巻きに　三〇四

春　冬なから悪きお申の年ならて花より外は壬への春　四九九

貞享甲子三光春　待三千年來白鶴○　○如伏活龍福部神　山王示現聞般若○　二一七ノ一

（　　）　）（　　）

重々雲霧天已垂　擧登峯嶽豈安身○　○暫時會遇一樓鐘　雲霧連々福部嶽○　二一七ノ二

※「辛酉」（天和元年・一六八一）※「甲子」（貞享甲子三光春・一六八四）

※「元禄」（元年・一六八八）　※「壬申」（元禄五年）　※「貞享甲子」

〔一四六七と一四六八の間〕

「熱田太神宮　金渕龍玉春遊に　元禄　年辛未正月吉祥日」

※「辛未」（元禄四年）

〔大般若経に挟まれていた紙片〕

「元禄五年壬申暦五月吉日」

※「元禄五年」

高賀神社・歌稿の中に、年号が書かれた和歌四首、漢詩一首、場所の説明に付された年号一ヶ所および大般若経に挿み込まれていた紙にと、合わせて七ヶ所に年号が書かれている。普通に考えれば、年号が書かれている場合は、その時に詠まれ、書かれたものであろう。

歌稿中にある年号だけを基にすれば、高賀神社の歌は天和元年から元禄五年までの十一年間程になる。しかし、下限の元禄五年は肯定できても、天和元年は不確かである。

確認できる円空の歌の嚆矢は、先述の「経文・像背・厨子に書かれた歌」に書いたように延宝二年（一六七四）であり、天和元年より七年も前のことである。

この間に確認できる円空の歌は、延宝二年に二首、延宝四年に三首、延宝九年に一首の六首のみである。只、これらの六首は経文、像背、厨子に書かれており、他人の眼に触れることが意識された歌であり、別に自身用の歌のノートに詠んでいた可能性もある。

歌稿中に「文ならはな、の千巻ヲ重てはかつ浦のうらの［　］一〇五三」、「かつ浦なる法の御形は其のま、に万代までも玉トコソ［　］一一五六」、「新田（あらた）なる合方（そとの）浦なる玉コソは佛の御［　］一一五七」と、三首の中に詠み込まれている「かつ浦（合浦）」は、青森県にある地名であり、「松嶋や梳器の水は玉尾の［　］手向袖にも　四三五」、「松嶋や梳器の水を手向らん玉よりくるか結ふかす〱　四三六」、「松嶋や小嶋の水お手向らん梳器の水に浮ふ玉かも　八一二」の三首に出ている「松嶋」は、宮城県の名勝地の松島のことであろう。円空の足跡から考えれば、青森、宮城を巡錫していたのは、寛文七年（一六六七）頃の初期である。

寛文十一年に「法相中宗血脈佛子」を享けた法隆寺を詠んだ歌は四首（五〇〇、九五二、一四四四、一四八二）ある。

又、寛文十三年の巡錫と考えられる奈良県天川村の「天川」を詠み込んだ歌が十一首（三五四、三五五、三五六、三五七、三五八、五九一、五九二、八六七、九〇八、九三九、一〇〇〇）ある。但し「天川」は「天川村」の他、川としての「天ノ川」、空の「天の川」を指しているのかもしれないが、「大峯や天川に年をへて又くる春に花を見らん　八六七」からは、「天川」は土地の名前として詠まれているように考えられる。

更に、延宝二年の巡錫地である三重県は、「伊勢」を詠み込んだ歌三首（五八四、七六二、七六三）、「五十川」九首（八二、一二三四、三一四、四四六、四六〇、七〇九、七六一、八五五、一〇〇一）、「伊勢海」三首（一二三八、一三四八、一三六六）、「二見浦」五首（四四三、四四四、八一七、八一八、一三六六〈「伊勢海」と重複〉）の合わせて十九首ある。

先の寛文十三年及び延宝三年、奈良県大峰山への登拝及び山中での修行の歌が九首（五三四、八四三、八六七〈「天川」と重複〉、一四四一、五七〇、五七一、五七二、八八六、六四二）数えられる。

延宝七年（一六七九）から八年の関東への巡錫途次に詠んだと思われる歌十二首（「富士山」三首七一〇、四〇五、五一一〈「富士山」を詠み込んだ歌は「人しらぬ思ひをけさはするかなる富士御山に心かけぬる一七八」もあるが、内容からすれば本歌は現地で詠まれたのではない〉、「足から」一首 五一一〈「富士山」と重複〉、「箱根の関」一首 五一二、「つるかおか」一首 八三四、「角田の川」一首 五一四、「江戸」四首（四〇八、四〇九、四一〇、四一二）、「武蔵野」一首 四一三、「筑波根」一首 五一三）がある。

このように、高賀神社歌稿中には、円空の寛文七年から延宝八年までの十四年間の巡錫に該当する歌が六十首ある。紙数にして百五十五枚のうちの四十六枚をしめる。

この六〇首の歌は、後年の追憶によって詠まれたと考えられないこともないが、情景描写と内容が具体的であり、加えて数が大変に多いことからも現地で詠まれたとするほうが自然であろう。そして、もしこれらの歌が現地で詠まれたとするならば、円空は随分早い時期から歌を詠み始めていたことになり、そうした背景があったからこそ、経文、像背、厨子に歌が書かれたのではないだろうか。

円空は、貞享二年頃に留錫していた高山市丹生川町・千光寺の山号「袈裟山」に因んだ歌集『けさの二字に男童子歌百首 作者圓空』を遺している。高賀歌稿中に、この「けさ」を詠み込んだ歌が二百六十六首、紙数三十枚がある。

「けさ百首」（二首目の前）、「袈裟二字百首女童子の作者圓空（一三二首目の前）、「ひた國けさ山百詠」（一五六五）と「けさ」の題名が三ヶ所ある。したがって三百首の「けさ」を詠み込んだ歌があったと思われる。

千光寺の『けさの二字に男童子歌百首　作者圓空』、および高賀歌稿中の三種の「けさ」の歌は、いずれも千光寺において詠まれたと想定される。これらの歌は、歌の書かれた全紙数百五十五枚中三十枚であり、二割弱になる。したがって高賀歌稿は、千光寺においてかなりの歌数が詠まれたということができる。

又、後年の多くを過ごした（飛驒）を詠んだ歌が七首ある。〈五七（「ひたの国」、歌中に「けさの御山」もある）、一八九（「ひたの国」、歌中に「けさのおやま」もある）、六六四（「飛たの国」、歌中に「漆の渕」もある）、一一八一（「飛驒の国」、歌中に「三ツ呂」もある）、一二六一（「飛たの国」）、一二六二（「飛たの国」、歌中に「山吹」もある）、一二七四（「飛たの国」、歌中に「中山」もある）〉。

（飛驒の地名）を詠み込んだ歌は数多く、三十か所の地名が出てくる。〈（位山）十三首（二六「くろふの山」、七三「くらふ山」、二二六「墨山（クロフ）」、二三五「くろふの山」、二八九「位の山」、二九〇「位の山（クロウノ）」、四九一「位の山」、六四二「位の」、六五〇「位の山」、一三四〇「位の山」、一三五四「位ふ山」、一四〇〇「位ふ山」、一四〇七「位の山」）〉、（一の宮）六首〈六五二「一之宮」、一三六〇「一野御宮」、歌中に「舟山」「三ツ呂」もある）、一三六一（「一之宮」、歌中に「ミツ呂」もある）、一三六二「一之宮」、一三六三「一之宮」、一三六四「一之宮」〉、（小坂）四首〈六五九（「小坂か山」、歌中に「なか瀬里」もある）、一三四九（「小坂寺」、歌中に「ましたの山」もある）、一三五〇「小坂寺」、一三五二「小坂寺」〉、（飯盛）三首〈二九三、一一六五「飯盛山」、一三四四〉、（漆山）三首〈三〇一、六六二「漆の山」、六六四（「漆の淵」、歌中に「飛たの国」もある）〉、（小萱）三首〈六五三（「こかやの、」、歌中に「新田の野」もある）、九七四（「子かや薬師」）、九七六「こカやノや」〉、（三ツ呂）三首〈一一八一（歌中に「飛驒の国」もある）、一三六〇（歌中に「一野御宮」「舟山」もある）、一三六一（歌中に「一之宮」もある）〉、（中山）三首〈一二六五（歌中に「飛驒」もある）、一二七一（歌中に「川合の里」もある）、一二七四（歌中に「飛驒の国」もある）〉、（乗鞍）

二首〈二一〇（「のりくら山」、歌中に「駒か嶽」「けさの御山」もある）、五二五〉、（上野）二首〈六八（歌中に「けさの山」もある）、九七（歌中に「けさの山」もある）〉、（舟戸）二首〈三〇二「舟戸丁」、六四九「舟戸丁」〉、（山吹）二首〈六五四（歌中に「四五六の谷」もある）、一二六二（歌中に「飛たの国」もある）〉、（双六谷）二首〈六五四（「四五六の谷」、歌中に「山吹」もある）、一二七〇（「四五六」、歌中に「しつたか」もある）〉、（国見山駒ケ鼻峠）二首〈六五七（駒か鼻國見の坂）、一二七二（駒の鼻国見の坂）〉、（長瀬）二首〈六五九（「なか瀬里」、歌中に「小坂か山」もある）、一二六六「長か瀬」〉、（尻高）二首〈一二六八「たかしりたか」、一二七〇（「しつたか」、歌中に「四五六」もある）〉、（御岳）一首〈二一一（「おほん嶽」、歌中に「けさの御山」もある）〉、（吉か原）一首〈二九九〉、（新田）一首〈六五三（「新田の野へ」、歌中に「こかやの、」もある）〉、（飯山）一首〈六五五〉、（柏原）一首〈六五八（「かしは原」、歌中に「袈裟御山」もある）〉、（笈破）一首〈六六三〉、（横山）一首〈九七〇〉、（茂住）一首〈九七二「もすみなる」〉、（灘見）一首〈一二六七（「なたみの里」、歌中に「丸山」もある）〉、（丸山）一首〈一二六七（歌中に「なたみの里」もある）〉、（川合）一首〈一二七一（「川合の里」、歌中に「中山」もある）〉、（呂瀬）一首〈一二七二（「ろしゐの里」、歌中に「駒の鼻国見の坂」もある）〉、（倉ケ谷）一首〈一二七三「くら谷」〉、（ましたの山）一首〈一三四九（歌中に「小坂寺」もある）〉、（船山）一首〈一三六〇（「舟山」、歌中に「一之御宮」「三ツ呂」もある）〉。

紙数は十五枚であり、「けさ」の詠み込み歌と合わせて三百四十八首、四十五枚となる。歌数にしては、全体の二十二％弱であるが、紙数は三十％弱にもなる。四十五枚の紙上に詠まれている歌を、同時期に詠まれたとすれば、歌数もほぼ同じ割合になる。

ここまでは、年号が詠まれた歌はその年、場所が詠まれた歌はその場所ということを前提にして論じてきたが、そうとも言い切れない点もいくつかある。

例えば、一枚の紙片上（一八三～一九七）に書かれた歌に二種の年号が書かれた場合がある。（一八四）には「辛の酉」とあり、（一九五）には「甲子の年」と出てくる。円空生存中「辛酉」は、「天和元年」（五〇歳）の一回だけであり、「甲子」は「貞享元年」（五三歳）だけである。両年には三年の経過があり、両歌の間には十首である。三年の間に十首しか詠まなかったというのは考えにくい。

また、年号が書かれた紙片上に、距離的にも年号的にも、かなり離れた複数の場所が詠まれた歌がある。（四二七～四四五）には、（四三五）と（四三六）に「松嶋」が詠まれており、（四四三）には「ふたみの浦」、（四四四）には「ふた見の浦」がある。円空が「松嶋」（宮城県）を訪れたのは寛文七年と考えられ、「ふた見の浦」は延宝二年であり、両所は距離的にも離れており、時間的には七年の開きがある。ところが、両所は同一紙片上に書かれ、間には六首あるのみである。

（八八六～八九九）には、（八八六）「小篠山」（奈良県）、（八九二）「蓬莱の嶋」（愛知県）、（八九四）「大和の国」（奈良県）、（八九六）「立花」（岐阜県）と、同一紙片の近接した歌の中に、遠く離れた四ヶ所の地名が詠み込まれている。

（一三三六～一三四九）の紙片には、（一三四四）「飯盛」（岐阜県）、（一三四八）「伊勢の海」（三重県）、（一三四九）「小坂寺」（岐阜県）と三ヶ所の地名がある。

（一四三七～一四四七）には、（一四三九）「伊勢」（三重県）、（一四四一）「大峯山」（奈良県）、（一四四二）「洲原立花」（岐阜県）、（一四四四）「いかるか」（奈良県）、（一四四七）「下田」（岐阜県）と五ヶ所もの地名が出てくる。

このように同一紙片上に、離れた場所を詠み込んだ歌があるということはどのように理解すればよいのだろうか。詠まれた場所と場所の間には数首の歌しかなく、その期間にほとんど歌を詠まなかったとは考えにくい。後年、同じ時に追憶として詠んだと考えるには、詠まれた内容が具体的であり現地で詠まれたとする方が自然と思われる。土地を詠み込んだ歌は、その土地の神に捧げるものとも聞くので、その土地で詠んだほうがなお一層その感を強くする。

季節について詠んだ歌は四百四十三首あるが、同一紙片（一二四一〜一二五七）上に、春の歌一首（一二四三）、秋の歌二首（一二五〇・一二五六）、冬の歌二首（一二五二・一二五四）が書かれている。一年の季節の移り変りの中で、秋から冬の間には一首、さらに冬から秋の間に一首書かれているだけであり、筆致、墨の色もほとんど同じであり、その時期に詠まれてそのまま書いたとするとはいえないだろう。

こうした件について、岩田慶子氏より「その場その場で詠み、書きとめておいた歌を、適当な時期に適宜まとめたのではないか」という御提言を得た。

なるほどそうすれば、述べてきた疑問は解消できる。現時点で筆者には明確な解答を持ちえず、岩田氏の解釈を紹介する以外の手立てはない。大方の御教示をお願いしたい。

歌についての歌

佳　妙て説か御法の花なれやまふ品〲にうたふかす〲　三〇〇

○世に傳ふ歡喜ふ神は我なれや口より出る玉のかつ〲　七二九

☽二月や稲荷の神はうめならぬのりの道路敷嶋道　九六四

○とても世になからへはてぬ古も神もろともにあそふ言は　一一二九

唐や白羽の鳥の形移る心を染る敷島の道　一二〇一

○敷嶋や歌の主の神ならは今日九重の花かとそ思ふ　一二〇二

円空は自らを「歡喜ふ神」としている（七二九）ように、時として神と一体化することがあったのかもしれない。歌を神の言葉が自分を通して出てくるものとして捉えている（七二九・一一二九）。「敷嶋道」（歌）は「法の道」とも詠っている（九六四）。そして歌を「御法の花」（三〇〇）、「九重の花」（一二〇二）と（至上のもの）としている。

本歌取りの歌

けさなへて花のさかりに成にけり〔　　〕白雲　三五

おしなべて花のさかりになりにけり山の端ごとにかかる白雲〔『千載和歌集』巻一　六九〕

見わたせは浪の白波かけてけり卯の花さけるけさの御山に　三六

見渡せば波のしがらみかけてけり卯(う)の花咲けるけさの玉川の里〔『後拾遺和歌集』巻三　一七五〕

詠つ、思ふもさひしけさの山月の宮の明かたのそら　三七

ながめつつ思ふもさびし久かたの月の都の明けがたの空〔『新古今和歌集』巻四　三九二〕

けさの露袂にいたくむすふらんながき夜(キよ)あかすやとる月かな　三八

秋の露や袂にいたく結ぶらん長き夜あかずやどる月かな〔『新古今和歌集』巻四　四三三〕

龍田姫かさしの玉のおほよわ見みたれにけりとけさの白露　三九

竜田姫かざしの玉の緒をよわみ乱れにけりと見ゆる白露〔『千載和歌集』巻四　二六五〕

けさの山蔦の下にもくちつしてうつもれぬるをきくそかなしき　四〇
もろともに苔の下にはくちずして埋(うづ)もれぬ名をみるぞ悲しき〔『金葉和歌集』巻十　六二〇〕

けさの山谷の川橋か来(け)てけり思ひなかるを(ハ)しる人のなき　四一
あつまちのさののふな橋かけてのみ思渡るをしる人のなき〔『後撰和歌集』巻十　六一九〕

しのへけさ涼しくもあるか夏衣日も夕暮の雨の名残に　四四
おのづから涼しくもあるか夏衣日も夕暮の雨の名残に〔『新古今和歌集』巻三　二六四〕

秋たちてけさはあらねとこのねぬるあさけの風の袂すゝしき　四五
秋立ちて幾日(いくか)もあらねどこの寝ぬる朝けの風は袂すずしも〔『拾遺和歌集』巻三　一四一〕

けさの山□のはたてに物〔　　　　　　　　〕　四六
夕暮は雲のはたてに物ぞ思ふ天つ空なる人を恋ふとて〔『古今和歌集』巻十一　四八四〕

□□の名のたつの市にはさわけ共かけぬる人をう□□□もなし　五九
無き名のみたつの市とはさわげどもいさまた人をうるよしもなし〔『拾遺和歌集』巻十二　七〇〇〕

立かへり又も来てみんけさの山か、れるひほも結合すな　六〇
立ちかへり又も来てみむ松島や雄島の苫屋波に荒らすな　〔『新古今和歌集』巻十　九三三〕

明は又みゆへきけさの山なれや空行月のか、る白雲　六一
明けばまた越ゆべき山の嶺なれや空行く月の末の白雲　〔『新古今和歌集』巻十　九三九〕

思ひ草柴（コ）するゐに結ふ朝の露たまたま来てはてにもたまらず　六二
思ひ草葉末にむすぶ白露のたまたま来ては手にもたまらず　〔『金葉和歌集』巻七　四一六〕

円空は「二百五佳　一字のかわれは歌と成物を世に在明の月そ久しき　八四八」ということから、優れた古歌の語句を取り入れて、新しく自分の歌にするといういわゆる「本歌取り」の歌が相当数ある。円空が「本歌取り」をしたのは、次項で述べる千光寺蔵の「けさの二字に男童子歌百首　作者圓空」の百首の内、九十首に取り入れている『古今和歌集』が一番多い。

円空は『古今和歌集』のみならず、『千載和歌集』、『後拾遺和歌集』、『新古今和歌集』、『金葉和歌集』、『後撰和歌集』、『拾遺和歌集』からも「本歌取り」をしていることを小瀬洋喜氏が指摘をされている。同氏は、これらの歌は夫々の歌集から直接取ったものではなく、藤原定家の歌論書『詠歌大概』から取り入れたとされている（注4）。ただ、『詠歌大概』には、例に挙げた歌の内（三九）（四一）（六二）の三首が載っておらず、筆者は『定家八代抄』から取ったものと思う。

『定家八代抄』は、同じ藤原定家が、勅撰和歌集である『古今和歌集』、『後撰和歌集』、『拾遺和歌集』、『後拾遺和歌集』、『金葉和歌集』、『詞花和歌集』、『千載和歌集』、『新古今和歌集』の八代集の中から秀歌を選び出してまとめたものである。

円空が本歌取りした歌はすべて『定家八代抄』に収録されているし、（三六～四一）（四四～四六）（五九～六二）の一続きの三ヶ所にまとまって出ており、同書一本から収集した可能性が高い。

信仰の歌

☽ 法の道三世の仏の花なれや月日の光り明世に　六一六

佳 尊形うつす花賀とそ念ふ歓喜の法の泉も湧て出らん　九八九

法の道三世の仏の母なれやたへせて祭る産生の御神　一〇四九

佳 ときはなる御法の蓮の花開く神仏も楽の身は　一二四四

☽ 神仏心の形や結らん万代までも再拝つゝ　一三三一

☽ 法の道御音聞ありかたや神諸共明ほのゝ空　一三七七

円空の歌の多くは神仏への純粋な鑚仰である。神仏への感謝と法の道への追求が詠み込まれている。「法の道（六一六）」「三世の仏（六一六・一〇四九）」「蓮の花（一二四四）」の仏教の言葉と、「産生の御神（一〇四九）」「神諸共（一三七七）」と神々を詠む円空は、「神仏（一三三一）」共に敬っている。神仏混淆は、日本人が長い間に培ってきたすべてを受け入れるという信仰形態であり、円空の神仏像はその具現化であり、歌においてもそれをみることができる。

修行の歌

☽ こけむしろ笙の窟にしきのへて長夜のこるのりのとほしみ　五七〇

□ 唐衣笙窟に打染てこのよはかりはすみそめのそで　五七一

□ 千和屋振る笙窟にみそきして深山の神もよろこひにけり　五七二

玉 しつかなる鷲窟に住みなれて心の内は苔のむしろ　六四一

井 日増して已か心の清は空なる月も身も圓なる　一二一七

「笙の窟」（五七〇・五七一・五七二）は、大峰山系大普賢岳（一七八〇ｍ）の中腹にある。円空は「笙の窟」の歌を三首詠み、栃木県日光市・滝尾神社の稲荷大明神背銘中には「金峯笙窟圓空作之」の墨書があり、円空にとって「笙の窟」は大きな比重を占めていたのだろう。「笙の窟」での修行は、修験者円空を形成した根幹の場所であったと思われる。

「笙の窟」は、一五〇mほどもある断崖の下に口を開けている。間口凡そ一二m、高さは三・五m、奥行きは八mの洞窟である。奥の方に緑色の苔が一面に生えている。円空の歌中にある「こけむしろ」は、このことなのだろうか。

「鷲窟」（六四一）は、「笙の窟」より一〇m程離れた位置にあり、鷲の嘴のような形をした断崖の下にある。「笙の窟」より少し小さく、間口八m、高さは二・五m、奥行きは三mほどである。

両所での修行が同時期であったのか、別の時であったのか明確ではない。場所的には同時期を想定させるが、歌の書かれている箇所が離れていること、修行過程、修行方法等を考えれば、別の時であったのかもしれない。

（一二一七）は、修行を経て、自身の身も心も円満清澄な満月のように澄んでいるという、その時の円空の心境を詠んだ歌と思われる。「圓」と「空」という自分の名前を、歌の中に取り込んでいるのは、歌の内容と自身の一致を、より一層明確に示そうとしているのだろう。

「花」と「玉」の歌

十　和る神の恵は春なれや榊の枝に花の香する　　三六二

時なれや山の千草の色そいて世も閑なる法の花かも　一四六〇

佳　七色の玉の宝の形成か心の内を墨染にして　六四八

佳　皇の浮世の人は玉なれや四方宝の湧るかす〱　七四六

二百○　書染る世か住吉の玉なるか泉の水の花かとそ思ふ　四九五

○　千度世ふる玉の御形は八百万つ花のかさりの出雲重かき　五九六

円空の歌の中に「花」と「玉」が、数多く出てくる。

「花」は、美しく咲く自然界の花になぞらえて、神（三六二二）、仏（一四六〇）の〈教え〉〈恩恵〉を象徴化して詠んでいるようである。

「玉」は、（六四八）（七四六）の如く〈最も尊いもの〉〈「花」の凝縮〉を示しているように思われる。円空にとっての「玉」は「墨染」の「心の内」（六四八）にあり、そして「浮世の人」（七四六）こそが「玉」であったのだろう。

（四九五）と（五九六）は、「花」と「玉」が同首の中に詠み込まれている。

造像の歌

飛神ノ釼のかけはひまもなし守る命はせつな〳〵（いそぎ〳〵／イソギ〳〵）に　二四五

☽作りおく神の御形の圓なる浮世を照すかゝみ成けり　一三三二

☽千年振る神の御形作らん願心は万代までに　一三三四

□作おく千々の御形の神成や万代迠の法のかけかも　一四三〇

（二四五）は、円空の造像に対しての歌と考えられる。彫刻刀を「飛神ノ釼」とし、彫刻刀の動きを「かけ」（光）として、「ひまもなし」（絶え間なく）に像を彫る。それは「守る命はいそぎ〳〵に」（人々の命を守るのは急がねばならない）。円空像が簡潔で多作であるのは、円空の造像に対する信条である。

造顕した像は、「浮世を照すかゝみ（一三三二）」であり、「万代迠の法のかけかも（一四三〇）」としている。円空の自負もあるかもしれないが、造顕された神仏像は、開眼された時点で、作者から独立し、作者よりも上位の立場になる。円空はそのことを知悉していたと思われる。

土地の歌

井　足からや富士の御山の関までも安くも越る鳥空かも　五一一

☽ 染もせて君か藤布衣かな角田の川袖ぬらすも　五一四
玉 井の谷の説か御法の花なれや春の初鶯のこゑ　一〇六六

「……歌による地名の記入は、古代より、土地の神へのご挨拶といった習しがあります……」と歌人の仲井真理子氏から御教示を得た。円空が土地を詠み込んだ歌は数多いが、いずれもその地の神々に崇敬をはらってのものだろう。

円空が詠んだ土地は、円空が訪れた場所と思われ、円空の足跡を知るためにも貴重である。

「足から（五一二）」は、静岡県駿東郡小山町と神奈川県南足柄市の間にある足柄峠のことだろう。

「角田の川（五一四）」は、支流も含めて東京都と埼玉県を縦断して流れる隅田川のことと思われる。「袖ぬらすも」で、円空が角田（隅田）川を船便で、関東の最初の巡錫地と考えられる埼玉県春日部市小渕へ行ったのであろうという説が出されている（注5）。

「井の谷（一〇六六）」は、富山市猪谷であり、当所には三体の円空仏が三ヶ所の個人宅に遺されている。「春の初鶯のこゑ」を「御法の花」としており、円空の感性の豊かさを感じさせる。

山の歌

朝事に御法の音の聞ルるは鷲御山の告かとそ思ふ　八七五

人しらぬ思ひをけさはするかなる冨士御山ニ心かけぬる　一七八

冬　白山や越路の山の草枕袖打払ふ雪かとそみる　三五二

☽　伊福山法ノ泉の湧出る（ケシ）水汲玉ノ神かとそ思ふ　六一二

圡○大峯や天川に年をへて又くる春に花を見らん　八六七

冬　時雨ふる愛岩山ニ吹風は出雲の国の神かとそ思ふ　一二二七

山岳修験者であった円空は、各地の山々を詠み込んだ歌が非常に多い。土地を詠み込んだ歌がその地の神に捧げるように、山の歌もその山の神々に畏敬と感謝を奉ずるために詠んだものだろう。八七五の「鷲御山」は、前述（185頁・六四一）の大峰山系中の「鷲窟」のことかもしれないが、釈迦が説法をしたとされるインドの「霊鷲山」を連想させる。

「冨士山」を詠み込んだ歌が四首（一七八・二一四・四〇五・五一一）あり、「冨士山」を描いた絵が四枚あり、円空の「冨士山」との深い関わりを窺わせる。

円空は白山神に対する崇敬の念が篤く、「白山」（三五二・五九〇・六一八・七三二）、「しら山」（三六〇・三六三）、「白ら山」（三九六・一四四二）と白山の歌を八首詠っている。又、白山のことではないかと思われる歌を、「越し御山」（一二三〇）、「越しの御山」（三四六）、「越路の山」（三五二・六〇一）、「越しの山」（七八五・一〇四七）、「こししの山」（九九六）、「こしの山」（五〇二・七二六）、「越の御山」（五八七）、「越の山」（一四〇三）と十一首詠っている（三五二は「白山」の詠み込み歌と重複）。

「伊福山」（六一二）は、滋賀県と岐阜県に跨って聳える伊吹山のことである。北海道伊達市有珠町・善光寺に安置されている観音像の背面に「うすおく乃いん小嶋　江州伊吹山平等岩僧内　寛文六年丙午七月廿八日　始山登　圓空（花押）」という刻書があることが知られている。背銘中の「伊吹山平等岩」は、伊吹山南面の八合目辺りにある大岩盤である。「法ノ泉の湧出る」（六一二）と詠んで、伊吹山に対して並々ならぬ敬意を寄せている円空は、果たして何時、どのような修行をしていたのだろうか。

「大峯や」（八六七）と詠まれる大峰山は、日本の修験道の中心に位置づけられる山である。山岳修験者である円空にとって大峰山登拝は当然のことであり、大峰修験の中心である山上ケ岳頂上の大峯山寺には円空の阿弥陀如来像が祀られている。奈良県大和郡山市・松尾寺には大峰山中で造像した役行者像もある。

「大峰山」が詠み込まれた歌が四首（五三四・八四三・八六七・一四四一）あり、（八六七）は、厳冬の大峰山で越年修行をしたことを示す歌である。前述（185頁 修行の歌）したが、大峰山中の「笙の窟」を詠んだ歌三首、「鷲窟」の歌一首もある。

「愛岩山（一二二七）」（傍点・筆者）と詠まれた歌は二首（一二二七・一二四二）ある。これは京都にある（愛宕山）のことであろう。愛宕神社及びその周辺から円空仏の発見はない。しかしながら、背銘に「愛岩山大権現」と書かれた像が四体、「愛岩山」とある像が二体あり、円空の愛宕神に対する信仰をみせている。尚、円空より凡そ百年後に全国を巡錫し、多数の神仏像を彫り遺した木喰も（愛宕山）を「愛岩山」と書いており、そういう書き方があったのかもしれない。

季節の歌

春　ちわや振る五十川の鏡には。春の餅は。若菜なりけり　二三四

春　和る法の御形の春なれや光にまさる花の盛に　二七一

春　天川法教の初音かや今日鶯の音をはきゝつゝ　三五七

くるゝかと見れば明ぬる夏のよおけさもあかすになく郭公　一二三

佳　時鳥。今日五月雨と。音立てゝ。法の泉の玉かとそ念　一〇一二

けさの山峯の紅葉のおちつもるかゝれる身にわなへてかなしき　一一〇

秋はけさ野へにみたるゝ花事に千草に物を思ふころかな　一六五

冬○　時鳥冬は深山言タヘテ只白雪とふ人もなし　五〇八

冬　冬なれはおとろ草も枯れ行に法の道しに障なければ　一二五二

生涯を旅に過ごした円空は、季節の移り変わりに、敏感に感慨を持ったことであろう。円空の歌には季節を詠んだ歌が四百三十四首ある。

である。

「春」の歌が最も多く二百二十五首、次いで「秋」が九十四首、「冬」が六十三首であり、「夏」は五十二首である。

「春」に入れた歌は、上に「春」が付されている歌、歌中に「春」がある歌の他に、「春」の季語である「梅」、「桜」、「藤」、「姫小松」、「七草」、「若な（菜）」、「若草」、「鶯」、「東風」、「歳神」、「二月」が詠み込まれている歌も「春」の歌に組み入れた。

「夏」の歌も同様に、歌上、歌中の「夏」と共に「夏」の季語である「いわつゝじ」、「卯の花」、「芥子」、「蓮の花」、「露」、「白玉」、「時鳥」、「蝉（の声）」、「五月雨」、「五月」が詠まれている歌を「夏」の歌にしてある。

「秋」も同じく、上に「秋」とある歌、歌中に「秋」が出てくる歌と共に、秋の季語である「菊」、「女郎花」、「なでしこ」、「桃」、「かつら」、「わすれ草」、「かるかや」、「紅葉」、「七夕」、「星祭」、「三ケ月」、「彼岸入」、「七月」、「まつ虫」を秋の歌に組み入れてある。

「冬」も同様であり、歌上の「冬」、歌中の「冬」に加えて、冬の季語である「雪」、「霜」、「こほり」、「土大根」が詠み込まれた歌を冬の歌にしてある。

「春」は、生命の息吹く季節であり、「若菜」（二三四）、「花の盛」（二七一）、「鶯の音」（三五七）と生き生きとした温かい情景を思い浮かばせる歌が多い。円空にとって「春」が最も好ましい季節であったようで、季節を詠んだ歌の半数以上を占めている。

「夏」の歌には、「くるゝかと見れば明ぬる夏のよ」（一二三）と、夏の夜の短さを詠ったものがある。又、「時鳥」「五月雨」（一〇一二）は、夏の季語であるが、その鳴き声、雨水の音の中にも円空は「法の泉の玉」と「念」ている。宗教家円空の心情が吐露された歌である。

円空にとって、自然の中で〈見るもの〉〈聞くもの〉すべてが「花」であり、「玉」だったのだろう。「夏の歌」は全体の十一%、季節を詠み込んだ歌の中では一番少ない。

「秋」の歌は、季節の歌の二割強で、二番目に多い。「なへてかなしき」（一一〇）、「思ふころかな」（一六五）等、「秋」の歌は少し寂しい抒情的な歌が特徴である。

「冬」の歌は全体の十四%である。「冬」の歌には「とふ人もなし」（五〇八）、「おとろ草も枯れ行」（一二五二）と、寒冷な季節の厳しさを詠った歌が多くある。

植物の歌

☽ 二葉より仁王か梅の満吉に香の烟の立上らん　二六八

井○○春来ぬとけさそ開る。八重桜。折度事に。花の香する　二三二

五十
同 午の年浮世の人もいさむらん春ノ初の今日の七草　三七九　四二四

終生旅を続けた円空は、常に自然と共にあったということができる。従って自然の風物を詠んだ歌も数多い。その自然の中にも、円空は神を観、仏を感じ取っている。（二六八）は、「仁王」と（匂う）を掛詞にし、「梅」の香を「香の烟」にたとえている。

（三七九）と（四二四）は、同じ歌であり、歌集中には時々重複した歌が書かれている。円空の歌は創作の為ではなく、神仏に捧げる歌、自己の心境を詠んだ歌であるがゆえに、そうしたことには無頓着であったのだろう。

風体の歌

○○☽ 万代に清流は墨染のツヽリノ袖にかヽる涙か　一三八五

○○☽ 万代に破袈裟の衣哉朝日にさける花かとそみる　一三八六

□○○ 峯松ツヾリノ袖の清けれは万代迄の鏡とそみよ　一三八七

ちきれけさ法の思ひのほかならぬ又行末もあふかあわすも　一五四七

円空の着る墨染の衣は、布切れを綴った粗末なものであるけれど、それはいつまでも流れる清流と同じである（一三八五）。粗末な綴った衣は、清く光り輝く鏡といえる（一三八七）。円空の衣は「破袈裟」であり、「裂けて」はいるけれども、「朝日に」向って咲く「花」と同じく輝いている（一三八六）。

これらの歌は、円空が自身の身なりを詠んだ歌であり、綴った破れた袈裟衣を着ていたことが分かる。しかしながら、それを清流、鏡、朝日に輝く花にたとえ、卑下するよりも、誇らしげにみえる。円空の日常の有り様と生き方がわかる歌である。

（一五四七）の「ちぎれけさ」は、「ツ、リノ袖」「破袈裟」と同義語だろう。「ちぎれけさ」は、「法の思ひ」に「ほかならぬ」（一五四七）と歌う円空に、宗教家としての自負心が感じられる。

心の歌

○まどひきて位(キテ)の山登らん心の暗に予迷わすな　二八九

○めもみへす己(モ)か心は暗なれて位山(クロウノ)の烟くらへに　二九〇

○よもくらし己か心は暗なれや雨はふりぬる鳴門橋　二九一

佳　いさむらん法の教の為ならて心の色に迷ひぬ哉　六八五

佳　すきならん心の色のさめ行に花にはにすと墨染の袖　六八六

常に微笑みをたたえた神仏像を彫ってきた円空にも、人間として深く思い悩むこともあったことだろう。「まどひきて」（二八九）、「めもみへす」（二九〇）、「心は暗」（二九一）、「迷ひぬ哉」（六八五）、「心の色のさめ行」（六八六）等の言葉は、微笑の円空仏を彫った円空とは随分ギャップも感じる。しかしながら、悟りすました宗教家より、内面に悩みを持ちながら修行に励む宗教家の方が、より尊敬に値するのではないだろうか。その中からこそ人間味のある温かさ、優しさが醸成され、より深い微笑みの神仏像は生まれるのだと思う。

妻恋の歌

☽ 我意(コイ)は借菴に妻もなし袖かき拂へふすまもやなし　五一五

☽ 墨染の法衣は妻もなしよにかゝわれる袖もなきかな　五一六

つれもなき今は恋ひしとけさの山心よわくそかゝる涙(なみだ)か　千光寺五一

円空の「妻」に対する「意」（思い）がどのくらいのものであったか明確でないが、「つれもなき」故に、「心よわくそかゝる涙(なみだ)か」と続けてあるところを鑑みれば、そうした思いを強く抱くこともあったのであろうか。尤も、（千光寺 五一）の歌は、『古今和歌集』十五の809「つれなきを今はこひじとおもへどもこゝろよはくもおつる涙か」（注6）からの本歌取りであり、そのまゝ解釈できないかもしれない。しかし円空は内容に同感したからこそ、自己の歌に取り入れたのだと考えられる。

恋の歌

○ 眉黛か浮世中の花なれや浦山敷も眼(メニカヽリツヽ)にかゝりつゝ　四二七

○ 幾度も玉女の形移ス忘記念の鏡成けり　七一二

よそなから恋は其まゝ道もせて深淵には身を沈つゝ　一四〇九

「眉黛」（四二七）、「玉女」（七一二）、「恋」（一四〇九）は、若い女性を連想させる。庶民の救済を願い（布教・造像）、悟りを求める（修行）円空であっても、健康な男性であってみれば、時には女性の魅力に惹かれることもあったのではないか、と下衆な筆者の思いは拡がる。しかし、こうした心情があってこそ、豊かな人間味溢れる像が造顕できたのだろうとも思う。

食物の歌

春　ちわや振る五十川の鏡には春の餅は若菜なりけり　二三四

佳　珍しや煎か我家の土大根稲荷の神の守護自在　九六七

冬　年のよのさすか蜂屋の串の柿蜜と見□□ふ甘口にして　一〇三〇

人間は生きていく為には食を摂らねばならない。宗教家であった円空に、肉、魚類を食したという記録もなければ、歌にも詠んでいない。「若菜（二三四）」「土大根（九六七）」、「串の柿（一〇三〇）」と清々しい。いずれも神への捧げ物として、それを齎して頂いた神への感謝が詠まれている。

円空が「串の柿」と詠んだ干し柿は、現在でも「蜂屋」（岐阜県美濃加茂市蜂屋町）の名産品である。この歌について「……全歌中もっとも整った投技が凝らしてある……「さすか」に「さすが（流石）」と「刺すか」を掛けて、蜂屋の「蜂」と「蜜」と縁語の関係もきかせている……」と伊藤正三氏は評価している（注7）。

酒の歌

廿　泉ヲハ榊にソヘて空に只一葉の霞酒泉方はれ（ニハノミキノ白波）　二四二

百味（手向）にもマサレル酒□□□になけ□□□□□（思に満る）飛行自在（誓在）　二四七

春◎午の年泉の酒を汲上て我皇の春のいさみに　三八三

春◎◎いわえとて小児の餅井に呑酒（のむ）◎ハ袖振通はるの盃　三八六

◯四方の神御形を拝あらたさ君か歡喜酒の數々　九六六

△ちわやふる神ノ鳥井立染て祭御酒万代の神　一二三五

円空には「酒」を詠んだ歌が六首ある。いずれも、「神」に関連する場での祝の「酒」である。（三八六）の「呑酒」により、円空自身も「いわえ（祝）」の酒を飲んでいたことがわかる。又、（二四七）は、「手向」と書き換えられてはいるが、元々書かれていた「百味にもマサレル酒」と詠む円空に、左党の筆者としては、大いなる親しみを感じている。

第三節　千光寺・「けさの二字に男童子歌百首 作者圓空」

古今和歌集からの本歌取り

千光寺に遺されている「けさの二字に男童子歌百首 作者圓空」（以下『けさ百首』と略称）は、奥書の「右百首者圓空上人自筆　袈裟山千光寺什物也　寛政第九年丁巳林鐘　改表紙 高山田中紀文（花押）」により、高山の国学者田中紀文により、寛政九年（一七九七）六月に、表紙を『圓空上人詠袈裟山百首歌』として装幀されたものとわかる。

『けさ百首』は、一首目から三首目、一〇首目から一二首目、九一首目、および九八首目から一〇〇首目の一〇首を除いて、九〇首は「古今和歌集」からの本歌取りである。円空の歌と本歌取りした古今和歌集の歌を記すと、『けさ百首』四首目は「古今和歌集第三九首目」と同じ（以下、四―「古三九」と記す）、五―「古二五」、六―「古四四」、七―「古二六」、八―「古六」、九―「古三七」、一三―「古九四」、一四―「古一〇三」、一五―「古一一九」、一六―「古一五一」、一七―「古一五七」、一八―「古一六八」、一九―「古一八一」、二〇―「古二〇〇」、二一―「古二〇六」、二二―「古二一三」、二三―「古二二五」、二四―「古二四七」、二五―「古二八七」、二六―「古二九五」、二七―「古三二八」、二八―「古三四一」、二九―「古三五六」、三〇―「古四〇〇」、三一―「古四三二」、三二―「古四三五」、三三―「古四三六」、三四

―「古四五四」、三五―「古九五〇」、三六―「古九六〇」、三七―「古九六五」、三八―「古一〇三二」、三九―「古一〇三七」、四〇―「古一〇三八」、四一―「古一〇四五」、四二―「古一〇五二」、四三―「古一〇五四」、四四―「古一〇五五」、四五―「古一〇五九」、四六―「古一〇七〇」、四七―「古一〇六二」、四八―「古一〇八四」、四九―「古一〇九六」、五〇―「古八二〇」、五一―「古八〇九」、五二―「古八〇八」、五三―「古六四八」、五四―「古六〇五」、五五―「古五五四」、五六―「古五四八」、五七―「古五四五」、五八―「古五四四」、五九―「古五四二」、六〇―「古五一五」、六一―「古四九五」、六二―「古四九四」、六三―「古四九三」、六四―「古五三七」、六五―「古五三五」、六六―「古三六四」、六七―「古三六三」、六八―「古三三〇」、六九―「古二九八」、七〇―「古二九五」、七一―「古二八九」、七二―「古三七二」、七三―「古三六九」、七四―「古一〇六三」、七五―「古一〇六二」、七六―「古一〇五六」、七七―「古一〇五三」、七八―「古一〇五〇」、七九―「古一〇四六」、八〇―「古一〇四三」、八一―「古一〇四二」、八二―「古一〇一七」、八三―「古一〇一六」、八四―「古一〇一二」、八五―「古一〇三二」、八六―「古一〇二九」、八七―「古一〇〇四」、八八―「古九九二」、八九―「古九八八」、九〇―「古九〇九」、九二―「古八六六」、九三―「古三四四」、九四―「古三五二」、九五―「古三五六」、九六―「古三五七」、九七―「古一一〇〇」である。

最初の勅撰和歌集である『古今和歌集』は、延喜五年（九〇五）成立、二〇巻　一一〇〇首（注8）の和歌集である。

円空が本歌取りをしている『古今和歌集』の最初は六首目（八―「古六」）であり、最後は一一〇〇首目（九七―「古一一〇〇」）になっており、一首目から一一〇〇首目まですべて読了していたと考えられる。又、『けさ百首』の順番は、『古今和歌集』の若い順番からになっている訳ではなく順不同である。

『けさ百首』は、前述した「高賀神社・歌稿」と七十四首が重なっている。「高賀神社・歌稿」中には、「けさの百首」（高一～一三の紙片、一首目と二首目の間）、「袈裟二字百首女童子の作者圓空」（高一三二～一四〇の紙片、一三二の前）、「ひた國けさ山百詠　男」（高一五六五～一五七四の紙片、一五六五）という、『けさ百首』に似た題名が書かれている三枚の紙片がある。『けさ百首』の（一～九）は、「ひた國けさ山百詠　男」（高一五六五～一五七四の紙片）と同じ歌である。

『けさ百首』は、「高賀神社・歌稿」を適宜抜粋、添削して清書し、元歌は「高賀神社・歌稿」であると考えられる。両方の関連を示すと、『けさ百首』（一二～二五）は、「高賀神社・歌稿」（一一八～一三二）と同じ（以下一二～二五―「高一一八～一三二」と記す）、五九―「高一四九六」、六二～六八―「高一四九八～一五〇四」、六九～七五―「高七二～七八」、七八～八二―「高一五〇六～一五一〇」、八六～九五―「高一五一二～一五二二」、一〇〇―「高八三」である。したがって、『けさ百首』は、詠んだ順番に書かれた訳ではなく、「高賀神社・歌稿」から、抜粋した順番に書かれたものと考えられる。因みに、「高賀神社・歌稿」に付されている数字は、円空が詠んだ順番を示すものではなく、発見当時バラバラになっていた歌稿紙片を、「……萬葉・新古今等の例にならい、発見の順序に従がい、仮の通し番号を表装の新紙の下部に記入した。」（注9）ということである。

『けさ百首』は、『古今和歌集』からの本歌取りが九〇首をしめており、しかも次に示すように『古今和歌集』の歌を一句か数字変えているだけで、歌意はほとんど同じである。

心かけあらぬ物からはつかりのけさなくこゑのめつらしきかな　二一
待つ人にあらぬものからはつかりの今朝なく声のめづらしきかな　古二〇六

けさの野におく白露は玉なれやつらぬきかゝるくものいとすぢ　二三
秋の野におく白露は玉なれやつらぬきかくる蜘蛛の糸すぢ　古二二五

手もふれて月日へにけりけさの弓。おきふしよるはいこそねられぬ　五四
手もふれで月日へにけり白檀おきふし夜はいこそ寝られぬ　古六〇五

いとせめて恋しき時はけさの夢夜の衣をかへしてそきる　五五
いとせめて恋しきときはむばたまの夜の衣を反してそ着る　古五五四

けさわかれあすはあふみと思へともよやふけぬらん袖の露けき　七三
今日別れ明日は近江とおもへども夜や更けぬらむ袖の露けき　古三六九

本歌取りでない歌

『けさ百首』の中で神仏鑽仰の歌は、本歌取りではない歌一〇首の中の次の四首があるのみである。

皇のけさ鏡の榊葉々にみもすそ川の御形おかまん　一
千和屋振る神のうてなに世々かけて妙なるけさのやわらくる日に　二
けさ見れは伊勢の大神の現て五十川に宮つくりせり　九九
皇の星の祭はけさ事に八万代（ヤヲヨノ）神の来て守らん（キテマムルラン）　一〇〇

最初の二首と最後の二首に神仏を讃える歌を載せていることは、その他の九十六首の歌も神仏に捧げるために詠んだのかもしれない。

しかしながら、『けさ百首』は、神仏に捧げるという宗教家として詠んだ歌、あるいは心情を詠んだというよりも、寛政十二年（一八〇〇）に、館機が『展拝円空上人画像』の中で「……円空上人美濃竹鼻邨人……読其袈裟百首和歌　多取用古人之成句　而並繋以袈裟二字　示唯一時之游戯……」と『袈裟百首』が古歌からの本歌取りであり、「示唯一時之游戯」と論じている如く、『古今和歌集』の歌そのもの、そして本歌取りをして歌を詠むことを楽しんでいる歌人円空としての面の方が強いように思われる。

ところで、古今和歌集からの本歌取りではないとされている次の歌

けさの山しつのをたまきくりかやす花の昔に心かけぬる　九一

は、静御前が義経のことを想って、頼朝の前で踊りうたったとされる「しずやしずしずのおだまきくり返し昔を今になすよしもがな」（『吾妻鏡』）が、根底にあると思われる。本歌の元は「いにしえのしずのをだまき繰り返し昔を今になすよしもがな」（『伊勢物語』）であり、淵源は「いにしへの倭文(しず)のをだまき賤(いや)しきもよきも盛(さか)りはありしものなり」（『古今和歌集』八八八）とされる。したがって、「九一」首目は、広義には「本歌取り」としてもよいかもしれない。

尚、『けさ百首』は「けさ」の二字を入れての歌の筈であるが、次の

秋はきぬ紅葉は宿にふりしきぬ道ふみ分てかく人もなし　二五
秋は来ぬもみじはやどにふりしきぬ道ふみわけて訪(と)ふ人はなし　古二八七

の歌には「けさ」の二字が詠み込まれていないことを指摘しておきたい。

注

（注1）長谷川公茂『底本円空上人歌集』一宮史談会　一九六三年
（注2）財団法人岐阜県教育文化財団　歴史資料館『基礎資料　円空の和歌　―一六〇〇余首の全て―』岐阜県

二〇〇六年

（注3）棚橋一晃「円空の書の背景」『墨美』第二〇二号　墨美社　一九七〇年

（注4）小瀬洋喜「円空の和歌の特徴と研究課題」前掲（注2）

（注5）山田匠琳「円空関東巡錫の足跡」『円空研究29』円空学会　二〇一四年

（注6）佐伯梅友 校注『古今和歌集』岩波書店　一九五八年

（注7）伊藤正三「円空の九十六億」『円空研究3』円空学会　一九七四年一〇月

（注8）前掲（注6）に同じ

（注9）前掲（注1）に同じ

第四章　円空仏の背面梵字墨書

第一節　背面梵字墨書にみる円空の信仰と造像

背面梵字の推移

円空仏には、背面に梵字が墨書されている像が非常に多い。これらの梵字は、整理をしていくと、時期によって変化をしていることがわかる。その内容を考えていくことは、円空が自身の像に自ら書いた文字であるが故に、円空の信仰上の軌跡を辿る道標になり、円空仏の造像上の編年の裏付けともなる。

円空が、最初期に造像したと思われる像は、岐阜県郡上市美並町根村・神明神社の三体の神像であり、これは同社の棟札により寛文三年（一六六三）作と推定される。同町福野・白山神社の阿弥陀如来は、背面に寛文四年銘があり確実な造像年がわかる。この他、棟札、様式等から円空の寛文三～五年の極初期像と目される像は、美並町に先の像と合わせて二七体、郡上市八幡町に三体、岐阜県関市四体、岐阜市に四体、三重県津市二体、伊勢市一体、愛知県一宮市（現・大阪市に遷座）に一体の合わせて四二体が数えられる。これら極初期像には、梵字は一切書かれていない。

北海道には、現在四五体の円空仏（遷座仏六体を除く）が確認されているが、そのうち梵字が書かれている現存の像は、六体（函館市船見町・称名寺　観音、松前郡福島町・吉野教会　観音（写真①）、松前郡松前町・三社神社　観音、北斗市富川・八幡宮　観音、上磯郡木古内町・西野神社　観音、茅野郡森町・内浦神社　観音）であり、いずれも四〇㎝から五〇㎝の観音坐像である。また、寛政三年（一七九一）最上徳内一行の『東蝦夷地道中日記』有珠善光寺の記事中に「……傍に五尺四方の堂に観世音三体安置す木像にて後ろに銘ありのほりへつしりへつたけうちうらたけ三体各悉曇六字宛居楷書に百年の後有衍山上観世音菩薩と書きたり……（傍点筆者）」（注1）とあり、かつて伊達市有珠町・善光寺にあった三体の像に、六字の梵字が書かれていたことがわかる。「のほりへつ」という背銘の像は登別温泉・小祠堂の黒焦げになっている像と思われ、「しりへつたけ」は不明、「うちうらたけ」は内浦神社に現存する観音像と考えられる。したがって、合わせて少なくとも八体の像の背面に梵字が書かれていたことになる。

背面梵字は、「セ・サ・キ・キャ・タラーク・バク」の六種が書かれている。三字「・・」が一致する六観音種子（サ 聖観音・キリーク 千手観音・ウン 馬頭観音・キャ 十一面観音・キリーク 如意輪観音〈タラークを用いることもある〉・モウ 不空羂索観音〈天台系、真言系はボ 准胝観音〉）とも思われるが、筆者は断定をせずに「六種種子」と呼んでいる。

円空が北海道の像に書いた「六種種子」と同様の梵字が、東北地方にのこる七体の像にも書かれている。青森県津軽半島の二体（東津軽郡外ケ浜町・義経寺 観音、東津軽郡蓬田村・正法院 観音（写真②）の坐像と、青森市油川・浄満寺 釈迦、青森市浪岡町・元光寺 釈迦、平川市平賀町・神明宮 観音、西津軽郡鰺沢町・延寿院 観音の坐像四体、及び秋田県湯沢市上院内・愛宕神社 十一面観音立像である。青森県の六体の坐像の像容は、北海道にのこる坐像群と極めて類似している。ところが、背面に書かれている梵字は、北海道像と同様に「六種種子」も書かれているが、北海道像が「六種種子」のみが書かれているのに対して、青森県の像はそれに加えて更に梵字が増えている。

①　観音菩薩　北海道松前郡福島町・吉野教会

②　観音菩薩　青森県東津軽郡蓬田村・正法院

「六種種子」につけ加えられている梵字は、義経寺像には「ウン」ともう一種「不詳」、神明宮像には「ウン」という種子が書かれている。「」は愛染明王、金剛童子等をあらわす種子であるが、名古屋市中川区・荒子観音寺の像に「護法神」と自ら書いているように、円空は護法の像を総括して「ウン」という種子であらわしているようである。正法院像は分かりづらいが「カーンマン・不動明王」と「ベイシラマンダヤ・毘沙門天」と思われ、浄満寺像は「バク・釈迦如来」ともう一字は「不詳」の梵字である。円空は北海道・東北巡錫後、生涯にわたって像の背面に多種多様の梵字を書くようになるが、その像の種子「」に加えて「」「」「」が書き添えられている像は極めて多い。

北海道・東北地方の像に書かれていた「六種種子」は、それ以後のその他の地域の円空仏には全く見られない。背面梵字のある像で、次に年号のはっきりしているのは、棟札から寛文九年作とわかる岐阜県関市富之保雁曽礼・白山神社の十一面観音菩薩、阿弥陀如来、観音菩薩の白山本地仏三尊である。

十一面観音菩薩背面には「（イ・文首記号）」「（キャ・十一面観音菩薩）」と「（）（）（アラハ〈バ〉シャナウ〈キャ〉〈　〉は円空の用字）」（胎蔵界大日如来応身真言）及び「（ウン・護法神）」「（カーンマン・不動明王）」「（（ダ・文末記号）」が書かれている。阿弥陀如来には「（キリーク・阿弥陀如来）（バン・金剛界大日如来）（ウン・阿閦如来）（タラーク・宝生如来）（アク・不空成就如来）」（金剛界五仏種子）と「（シリー・吉祥）」の墨書がある。観音菩薩は「（サ・観音）」「（ア・胎蔵界大日如来）（バン・金剛界大日如来）（ウン・蘇悉地金胎両部大日合一）」「」「」「（ボローン・一切結合）」であり、北海道、東北像とは全く違った梵字に変化している。

以後「六種種子」は書かれることはなく、この三尊に書かれた梵字が、修正を加えつつ生涯にわたり円空像の背面に見られることになる。

円空仏の像背面に書かれた梵字は、大別すれば三つの時期に分類される。最初は「六種種子」で、次に「𑖂（イ）」と「金剛界五仏種子」の時代がある。そしてもう一つは、後半の貞享・元禄頃の円空仏の大部分にみられる後頭部に「𑖄（ウ・最勝の）」、身体部に「胎蔵界大日如来三種真言」「𑖀 𑖪𑖽 𑖨𑖽 𑖮𑖽 𑖏𑖽（アバンランカン ケン・胎蔵界大日如来法身真言）𑖀 𑖪𑖰 𑖨 𑖮𑖳𑖽 𑖏𑖽（アビラウンケン・胎蔵界大日如来報身真言）𑖀 𑖨 𑖢〈𑖤〉𑖓 𑖡〈𑖎〉（アラハ〈バ〉シャナウ〈キャ〉・〈 〉は円空の用字 胎蔵界大日如来応身真言）」が書かれた時期である。

寛文・延宝期の像の後頭部には、「𑖂」が書かれている例が多い。そのうち年号が特定できる像十例（1寛文九年 岐阜県関市富之保・白山神社 十一面観音、2寛文十年 岐阜県郡上市美並町・黒地神明神社 天照皇太神、3寛文十一年 関市洞戸・個人 不動明王、4寛文十二年 郡上市美並町・八坂神社 牛頭天王、5同十三年 奈良県吉野郡天川村・栃尾観音堂 荒神（護法神）、6延宝三年 奈良県大和郡山市山田町・松尾寺 役行者、7・8・9延宝四年 名古屋市中川区荒子観音寺 三十三応現身中の長者身 千面菩薩中の阿弥陀・薬師、10延宝七年 岐阜県羽島市上中町・中観音堂 護法神）をはじめとして周辺の像は四〇例を下らない。

ところが、後年になるとこの「𑖂」は書かれなくなってしまい、「𑖄」に変わっている。元禄三年（一六九〇）銘の、1岐阜県高山市上宝町・桂峯寺 今上皇帝、2元禄四年 岐阜県下呂市金山町・薬師堂 青面金剛神、3同下呂市小川・個人宅の青面金剛神、及び周辺の飛騨地方に遺る像の大部分の後頭部には「𑖄」が書かれている。飛騨地方の民家に祀られている多数の小観音の後頭部にも軒なみ「𑖄」が書かれており、その例は数え切れない程である。

「金剛界五仏種子」の書かれている像は、全国で三〇余体あるが、そのうち造像年をほぼ確定できるのは、寛文九年の 関市富之保・白山神社 阿弥陀、寛文十三年の奈良県天川村・栃尾観音堂 聖観音背面墨書及び埋込みのフタと納入紙片、延宝四年（一六七六）の名古屋市中川区・荒子観音寺 千面菩薩二体、同年の名古屋市守山区・龍泉寺の馬頭観音、延宝七年の郡上市美並町・熊野神社 宇賀神厨子の蓋の八例である。その他、「金剛界五仏種子」の書かれている大部分の像は、前記八例の周辺の像であるか、様式的に同じ寛文・延宝期の像である。

「金剛界五仏種子」が「胎蔵界大日如来三種真言」に変化したのは、延宝七年頃のことと推定される。これは郡上市美並町・熊野神社に安置されている宇賀神の厨子扉の内側に「金剛界五仏種子」があり、扉表側及び厨子裏面には「[梵字]」と「胎蔵界大日如来三種真言」が書かれていることによる。能野神社には、延宝七年銘を持つ十一面観音菩薩と不動明王が祀られており、宇賀神の厨子の梵字墨書も同時期に書かれたものと考えられる。

「金剛界五仏種子」と「[梵字]」と「胎蔵界大日如来三種真言」が同じ厨子の両側にあるのは、それ以前と目される像の多くに「金剛界五仏種子」が見られ、それ以後に位置付けられる多数の像に「[梵字]」と「胎蔵界大日如来三種真言」が書かれていることを思うと、極めて象徴的である。

ところが、ある時点で円空が後頭部に書く梵字をすべて「[梵字]」にしたかというと、そうではないようである。例えば下呂市金山町の南宮神社に安置されている五体の像のうち、薬師如来は後頭部に「[梵字]」があるが、聖観音は肩の部分に書かれている。他の三体の像、南宮大明神、阿弥陀、毘沙門天には「[梵字]」は書かれていない。

南宮神社の像は現在一ケ所に安置されているが、像種からいっても本来は別々に祀られていたものだろう。只、彫りは全く同じであり、同一時期に造像されたと思われる。同じ時に彫った像でも、「[梵字]」の書かれている位置が異っている。

「胎蔵界大日如来三種真言」は、延宝七年から多くの像に書き始められ、貞享元年（一六八四）頃からは大多数の像に書かれている。ところで、「胎蔵界大日如来三種真言」の書かれた最初は、寛文十年の棟札がある郡上市美並町黒地・神明社に祀られている天照皇太神像である。この像以後延宝七年までの造像と目される円空仏の背面に「胎蔵界大日如来三種真言」が書かれた像はない。寛文十年に「胎蔵界大日如来三種真言」信仰の発芽がみられるが、円空の中でまだ十分に発酵しなかったと思われ、芽生え始めたのが延宝七年であり、花開いたのが貞享元年といえるのではないだろうか。

背面梵字が「[梵字]」と胎蔵界大日如来三種真言に統一されるのは、貞享元年銘の鰐口があり、その頃の造像と思われる岐阜県関市上之保鳥屋市・不動堂の諸像からと筆者は推定している（写真③）は同所の不動明王）。

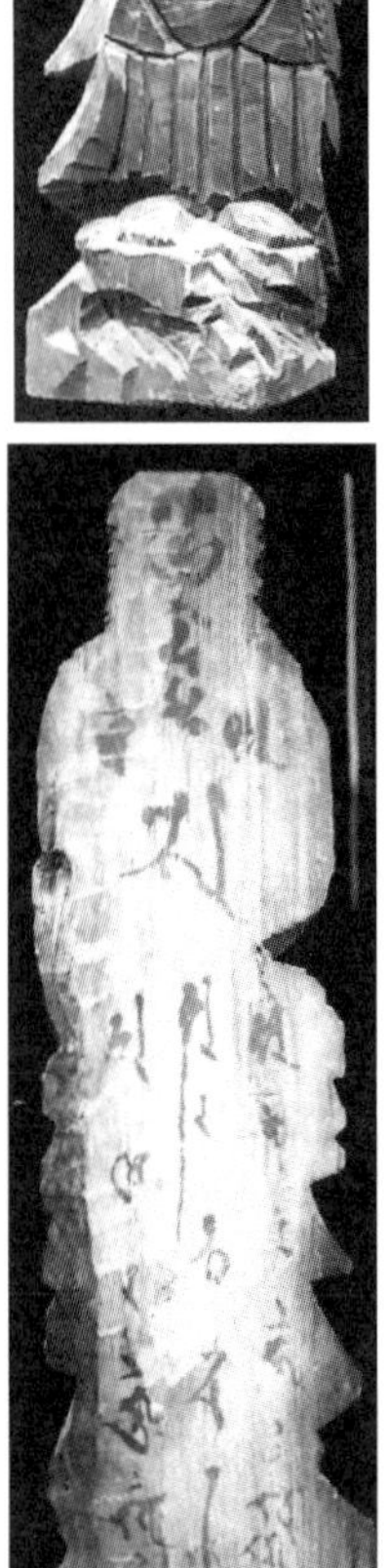

③ 不動明王　岐阜県関市上之保・不動堂

梵字は開眼供養の行為

円空はなぜ像の背面に梵字を墨書したのだろうか。それは開眼供養の行為の一つだと思われる。直截な御利益が要求される庶民信仰の中で生き、造仏も開眼もすべて自身で行った円空が梵字を書くことは、像により大きな霊力を持たせる為の方便の一つだったのであり、梵字は像の重要な一部である。

北海道・東北地方の像に書かれている「六種種子」を「六観音種子」だとすれば、円空は当時「六観音信仰」を持っていたということになる。六観音信仰は、衆生が死後に輪廻転生する六道（天・人・修羅・畜生・餓鬼・地獄）に六観音が配され、各界で苦しむ衆生を救うというものである。「六種種子」が書かれている円空仏は、観音菩薩一〇体、釈迦如来二体、十一面観音菩薩一体であるが、各々の作に「六観音信仰」をも付加し、六道にさまよう衆生救済ということも造仏に託していたのであろうか。

あるいは修験道では、十界修行ということがあり、そのうち前半の六つの修行過程を六道にあてはめており、円空が「六種種子」を書いた頃の円空像は、後年の強さと抽象性には欠けるけれど、非常に端正で清々しい円空はその成果を造像に際して付与したのかもしれない。

初期様式の世界を造っている。

円空が主に「金剛界五仏種子」を像背に書いたのは、寛文九年から貞享元年にかけてのおよそ十五年間である。筆者は、円空が〈抽象性〉と〈面の構成〉という「円空様式」とも呼ぶべき円空独自の様式を確立したのは、延宝二年、三重県志摩地方においてであったと思っている。そして「円空様式」確立過程の最初は、寛文九年の名古屋市千種区・鉈薬師での造像であり、大きく花開いたのが、延宝四年名古屋市中川区・荒子観音寺での多数の造像であったと考えている。

鉈薬師の像群は、それまで如来、菩薩に限られていた像に、初めて天部といった新しい像種が彫られ、形態も動きをみせている。荒子観音寺の一二五六体は、まさに円空の声価を高からしめている群像であり、どの作をとっても円空仏の特性が息吹いている。

密教では、仏世界を「金剛界」と「胎蔵界」の二つに区分している。そして「金剛界」を司るのが、金剛界大日如来を中心とした金剛界五仏であり、この頃円空が「金剛界五仏種子」を盛んに書いているのは、円空の信仰に金剛界世界が描かれていたのであろう。金剛界は、金剛の名の如く強固な智の世界とされ、円空の意識の中に何か強い目的があったことを想定させる。

先述の如くこの時期に「円空様式」が確立しており、円空の代表作ともいえる多くの像が刻されている。荒子観音寺の千面菩薩中の最大の像には「金剛界五仏種子」が書かれているが、千面菩薩一〇二四体は、最大限の抽象化と極めて多数の造像で、これは円空仏の特徴そのものであり、まさしく円空彫刻の一つの頂点であるといえる。又、背面上部に「金剛界五仏種子」が書かれ、「延宝四年」銘のある名古屋市守山区・龍泉寺の馬頭観音菩薩（写真④）は、力強い面の構成で圧倒される迫力があり、この像も代表作の一つに数えられる。愛知県江南市村久野町・音楽寺に蔵される十二神将の申像弓の部分にも「金剛界五仏種子」が墨書されている。同寺の十二神将十一体及び同時期作と考えられる護法神、荒神も又大きな面の構成で成り立っている像群であり、それに加えて荒神の極端なまでの抽象性は円空彫刻の極致とさえいえる。

「金剛界五仏種子」を書いた円空の強い意志が、力強い面の構成と大胆な抽象化の「円空様式」を創造させ

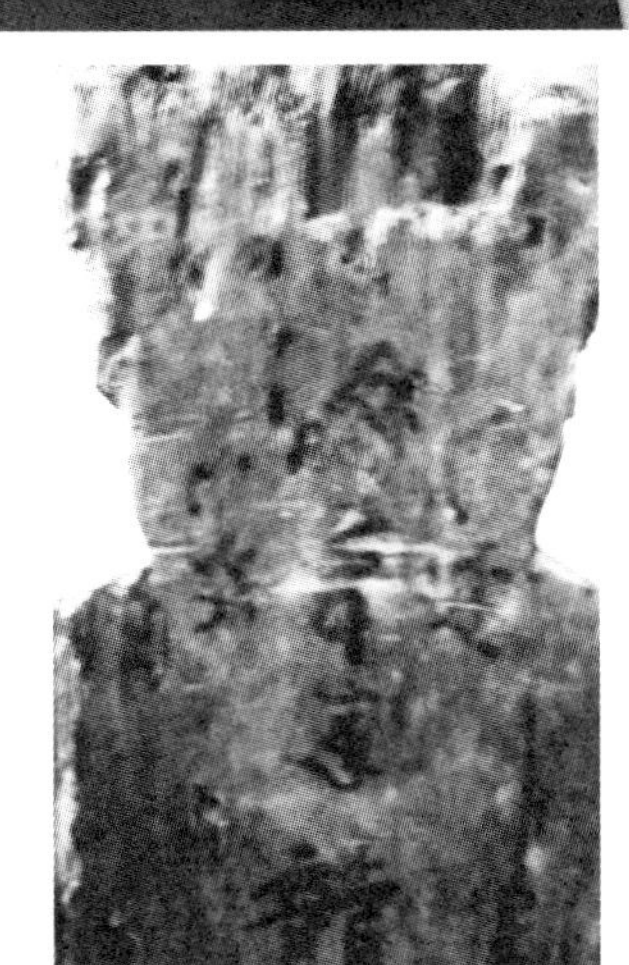

④ 馬頭観音菩薩　名古屋市守山区・龍泉寺

たのではないだろうか。勿論、作者の内面性とその作品は必ずしも一致するものではない。しかし、本質的には一体化するべきであろうし、円空と円空仏にはそれが十分に指摘され得る。

延宝七年頃に、円空の書く梵字が変わっていっている。そして又、円空仏の有様にも変化がみうけられる。それまでは、どちらかといえば円空仏は一ヶ所に多数存しているのに対し、それ以後の貞享・元禄期の円空仏は、非常に多くの場所に祀られている。特に路傍の小祠堂や民家に安置される無数の像が、この頃の円空の行動を如実に示している。いいかえれば、自身の為の造像から、他者の為への造像に変わっていったといえる。自利から利他、上求菩提から下化衆生への転換である。

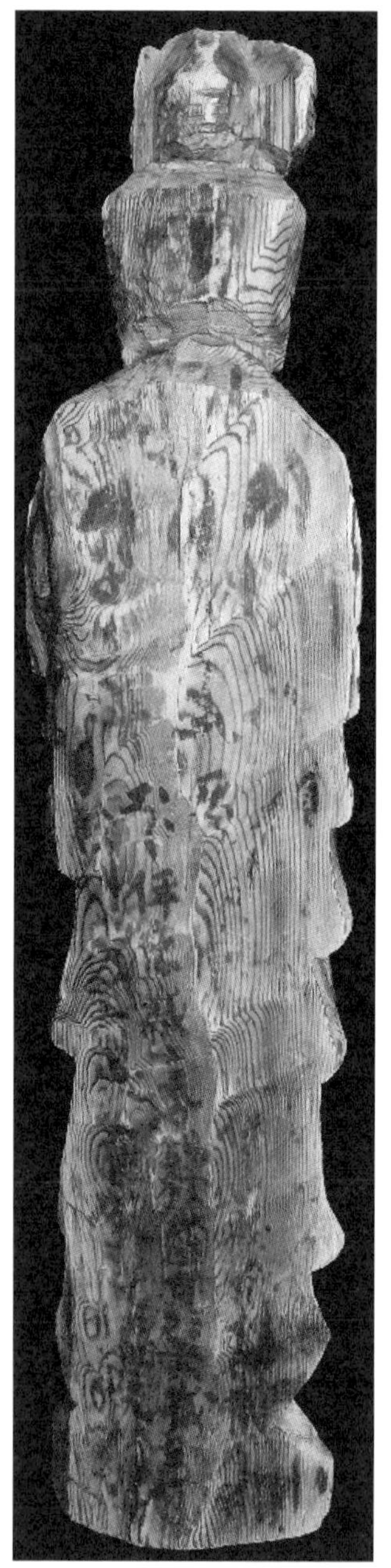

⑤ 十一面観音菩薩　高山市上宝町・桂峯寺

貞享、元禄期の円空仏には、大部分の像に「[梵字]」と「胎蔵界大日如来三種真言」が書かれている。金剛界の強固な智の世界に対して、胎蔵界は母親の胎内の如く慈悲の世界であり、円空の信仰は、金剛界から胎蔵界へ移行していくことになる。

円空が自分の彫る像に（最勝）という尊称をつけるのは、造像自体への円空の確信もあるのだろう。しかしそれよりも、円空が彫ったのは自己の為の作品ではなく、他者の為の神仏像だったのであり、それは常に最勝でなければならず、円空はそういう意図を像に込めて「[梵字]（ウ・最勝の）」を書いたのだと思う。

下呂市萩原町・大日堂の大日如来像は元禄四年頃の造像と考えられるが、背面には五点具足の完全に荘厳された胎蔵界大日如来種子「[梵字]」（アーンク）が書かれている。この種子は、この頃の円空の心境と信仰を端的にあらわしている。そして造像の中で、それを具現化した代表的な例が、元禄三年の高山市上宝町・桂峯寺蔵の十一面観音菩薩（写真⑤）であり、関市洞戸・高賀神社に安置される元禄五年の虚空蔵菩薩だと思う。両像とも、慈愛に満ちあふれた表情であり、ここにおいて円空の造像と信仰は完全に一致したといえる。

第二節　各地の円空仏背面梵字墨書

関東の円空仏背面梵字墨書

延宝七年（一六七九）銘をもつ岐阜県羽島市上中町・中観音堂の護法神の背面頭部は「𑖂」（イ）であり、右肩部に「𑖄」（ウ）が書かれている。埼玉県春日部市小渕・観音院の蔵王権現（写真⑥）は、中観音堂の護法神と同じ配列の「𑖂」と「𑖄」が書かれている。また、同じ観音院にある観音の背面は、後頭部に「𑖂」と「𑖄」が連ねて書かれており、これらの像は、延宝七年末から同八年初に位置付けられる。

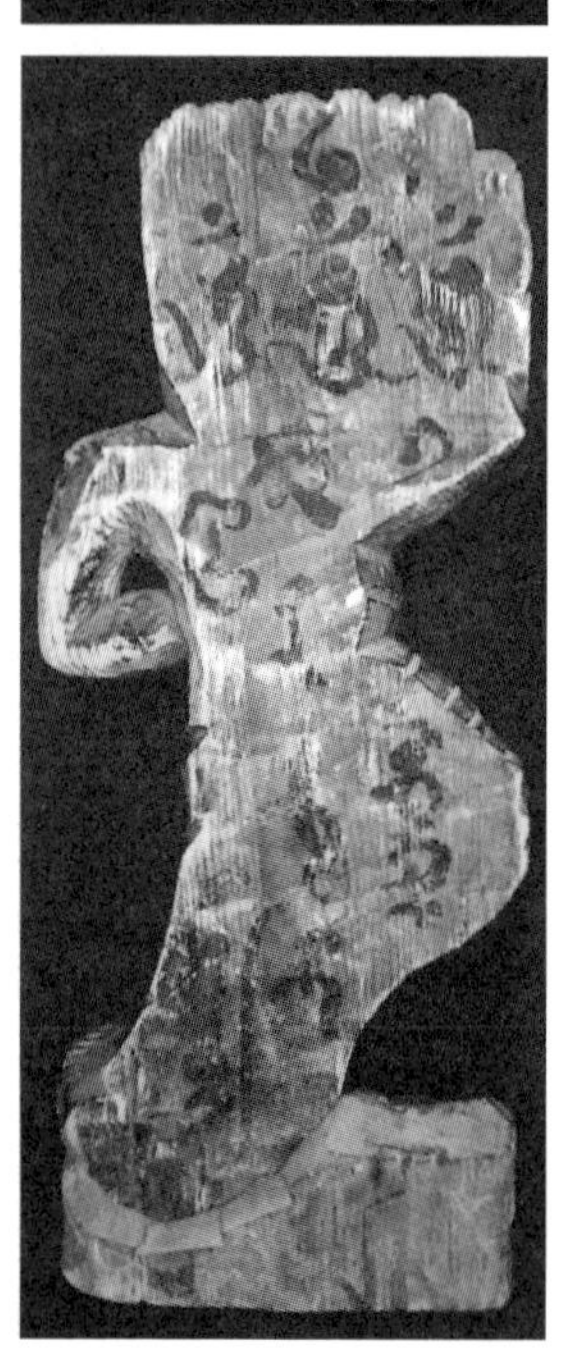

⑥　蔵王権現　春日部市小渕・観音院

埼玉県深谷市横瀬・華蔵寺に安置されている阿弥陀如来（写真⑦）の背面墨書は、縦に三列に書かれている。真中の一番上すなわち後頭部の梵字は、完全に薄れてしまっており、痕跡は見られるが読みとることはできない。推読すれば、阿弥陀種子の「[梵字]」（キリーク）が考えられる。その下に大きく（最勝）を表わす「[梵字]」が書かれており、その向かって右側に文首記号の「[梵字]」という配列である。「[梵字]」の下には順に「[梵字]（金剛界大日如来）、[梵字]（ウーン・阿閦如来）、[梵字]（タラーク・宝生如来）、[梵字]（キリーク・阿弥陀如来）、[梵字]（アーク・不空成就如来）」のいわゆる「金剛界五仏種子」が書かれている。右側には、「[梵字]」の下に「[梵字][梵字][梵字][梵字]（アバンランカンケン　胎蔵界大日如来法身真言）」とある。左側には、最下部に諸尊結合を示す「[梵字]」（ボローン）が書かれている。

春日部市小渕・観音院の諸像及び華蔵寺の阿弥陀如来は元禄二年（一六八九）造像説もあるが、背面梵字からみる限りにおいては、そこまでは下り得ない。

⑦ 阿弥陀如来　深谷市横瀬・華蔵寺

観音院の聖観音は「」と「」が縦に配列してあり、華蔵寺・阿弥陀如来は「」と「」が横に並列して書かれている。このような書き方は、後頭部の梵字が「」から「」へ移っていく段階での過渡的なものだと思われる。

埼玉県蓮田市の個人宅には一八体の円空像が遺されているが、その内二体の像に梵字が書かれている。観音像の後頭部には「」があり、護法神像には「」が書かれている。同一場所の「」と「」の混在もやはり「」から「」へ移行する時期であるからだろう。

埼玉県幸手市・個人宅の役行者像にも「」がみられるが、書かれている位置は下部の隅である。

群馬県富岡市黒川・不動堂に安置される千手観音は、後頭部に「」があり、その下に千手観音の種子「」（キリーク）が書かれ、その下左右に「」（カーンマン・不動明王）、「」（ベイシラマンダヤ・毘沙門天）がある。その下には「胎蔵界大日如来三種真言」が書かれている。

こうした梵字の配列は、貞享以後の多くの円空像背銘と同じである。不動堂は、富岡市一ノ宮・一之宮貫前神社の近在であり、本像は恐らく明治の神仏分離の際に同社から流出したものと考えられる。一之宮貫前神社は、円空の生年が書かれた大般若経があった神社であり、同経に書かれていた延宝九年に円空が留錫していたことが実証される場所である。延宝九年と目される本像は像として、「」と「胎蔵界大日如来三種真言」が書かれた嚆矢である。

ところで、円空は元禄二年に関東を巡錫、造像したということが従来いわれてきている。本説は、栃木県日光市・個人宅の観音菩薩背銘「元禄二年己巳六月」を根拠としている。しかし字体は、円空の筆跡ではなく、元禄二年の円空の関東巡錫説には疑問を呈したい。

美濃市・竜泉寺の薬師如来背面梵字墨書

岐阜県美濃市下河和・竜泉寺の薬師如来（写真⑧）は後頭部に「」があり、その下にはこの像の尊名を示す「」（バイ・薬師如来）が書かれている。「」の向って右に「」（バン・金剛界大日如来）を荘厳した五点具足の「」（バーンク）、左には、「」（ア・胎蔵界大日如来）の五点具足「」（アーンク）がある。円空仏中で「」「」と荘厳された二尊が書かれているのは本像のみである。

背面中央部に「（バン・金剛界大日如来）（ウン・阿閦如来）（タラーク・宝生如来）（キリー

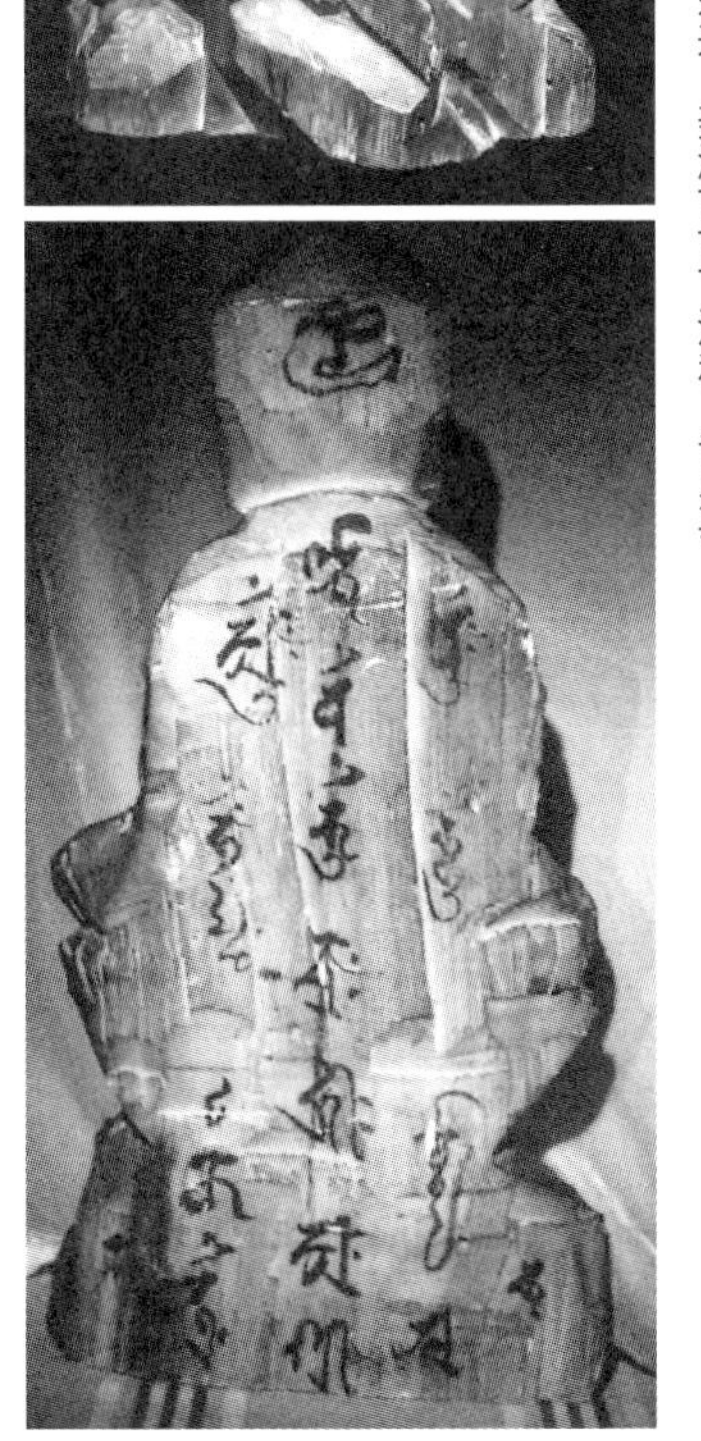

⑧ 薬師如来　美濃市市下河和・竜泉寺

ク・阿弥陀如来）𑖀𑖾（アク・不空成就如来）」の「金剛界五仏種子」が書かれている。

関東の像には「𑖂」（イ）と「𑖄」（ウ）が同時に書かれており、そこに「金剛界五仏種子」がある。竜泉寺の像は𑖄と「金剛界五仏種子」である。後期のほとんどの像に見られる背銘の「𑖄」と「胎蔵界大日如来三種真言」により近い梵字の配列であり、関東から美濃へ帰った直後の天和から貞享にかけての頃の造像と思われる。

下呂市個人・十一面観音の背面梵字墨書

円空仏の背面に書かれている梵字は、年代によって変化が見られる。要点だけを記せば、寛文六年（一六六六）の像には六種種子、延宝七年以前の像の背銘には後頭部に「𑖂」（イ・文首記号）があり、背面には「金剛界五仏種子」が書かれているのに対して、貞享元年（一六八四）以後の像の後頭部は「𑖄」（ウ）であり、背面は「胎蔵界大日如来三種真言」である。この梵字の変化は、延宝七年に始まり、除々に変化をしていき、貞享元年頃にほぼ定着したと思われる。

岐阜県下呂市・個人宅に祀られている十一面観音像背面（写真⑨）には、後頭部に「𑖄」があり、「金剛界五仏種子」が書かれている。但し「金剛界五仏種子」中、「𑖨𑖱𑖾」（キリーク・阿弥陀如来）が二つ書かれているのは、一つは「𑖮𑖳𑖽」（ウン・阿閦如来）の勘違いだろう。更に加えて、本像には「胎蔵界大日如来三種真言」

も見られる。前期の「金剛界五仏種子」と後期の「胎蔵界大日如来三種真言」が同一の像に書かれている例は他にない。これは本像が前期から後期へ移行する過渡的な像、すなわち天和から貞享にかけての頃の造顕であることを示している。

⑨　十一面観音　下呂市・個人

第三節　特異な背面梵字墨書の円空像

「𑖄」の諸相

「𑖄」の多数書かれた木塊と像

円空仏の後頭部に書かれる梵字が、「𑖂」（イ　文首記号）から「𑖄」（ウ　最勝の）に変わっていく最初は延宝七年（一六七九）の岐阜県郡上市美並町・熊野神社での造像であり、定着したのが貞享元年（一六八四）岐阜県関市上之保・不動堂での造像と思われる。熊野神社には二五体、不動堂には二一体の円空像が遺されている（移座された近在の白山神社の像九体を含む）。延宝七年の熊野神社と貞享元年の鳥屋市不動堂での多数の像は、この時に円空の造像意欲が旺盛であったことを想定させる。

像ではないが熊野神社にある木塊に円空の筆跡で多数の「𑖄」が書かれている。不動堂の赤龍十万金剛童子の前面身体部全体に多数の「𑖄」が書かれている（写真⑩）。延宝七年は「𑖄」が後頭部に書かれる最初であり、貞享元年は定着した年である。この両年に多数の「𑖄」が書かれた木塊と像があることは、「𑖄」に対する円空の強い気持ちが窺え、象徴的である。

⑩　赤龍十万金剛童子　岐阜県関市上之保・不動堂

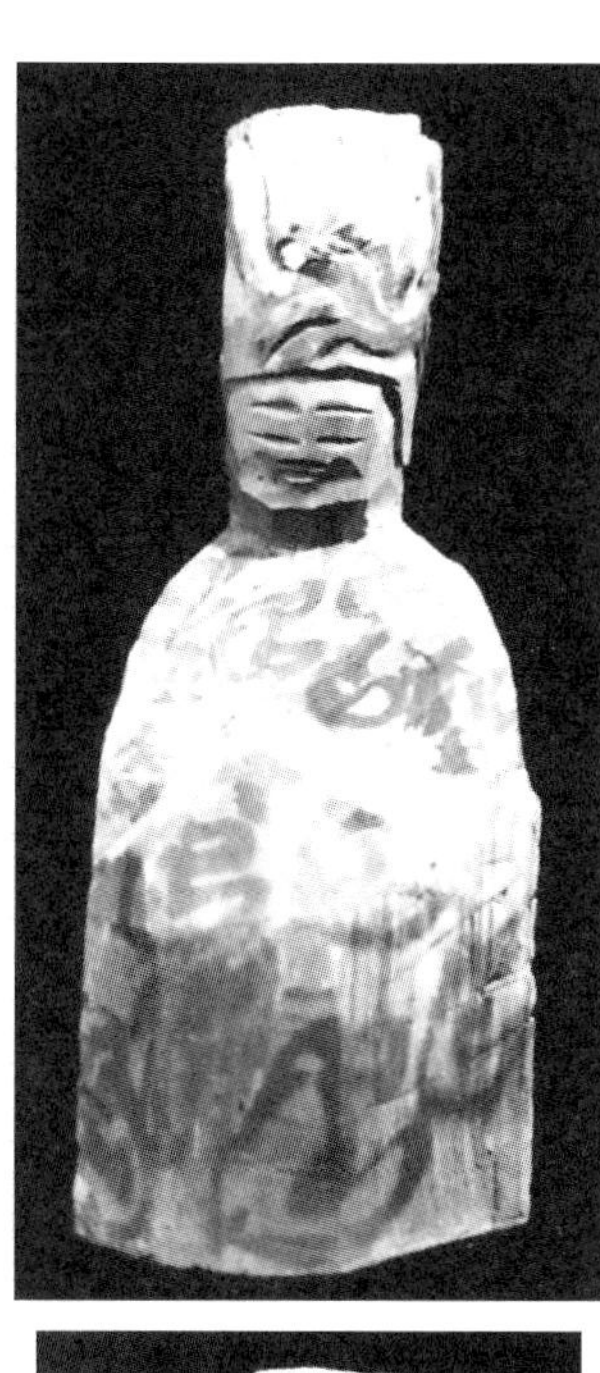

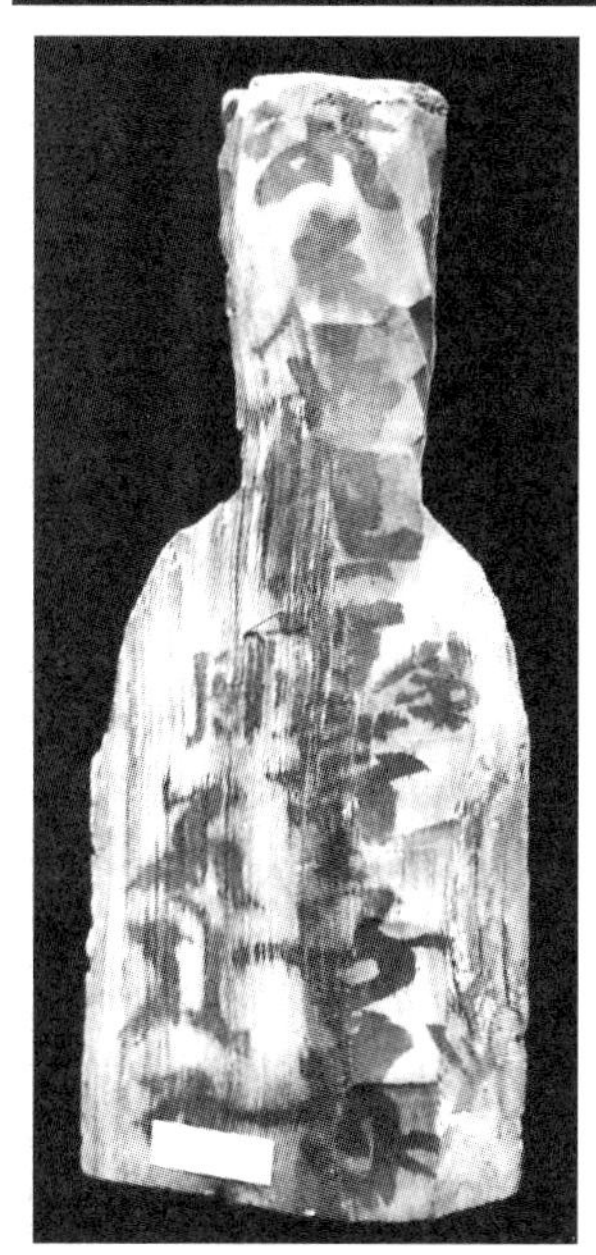

「[梵字ウ]」の書かれた位置

円空仏の後頭部が「[梵字イ]」（イ　文首記号）から「[梵字ウ]」（ウ　最勝の）になるのに際して、「[梵字ウ]」が下部から段々上部へ移行して過程がみられる。

奈良県吉野郡天川村・栃尾観音堂に安置される荒神（護法神）（写真⑪）は、寛文十三年（一六七三）の作とされるが、後頭部に「[梵字イ]」があり「[梵字ウ]」は最下部右下にある。愛知県一宮市丹陽町・長福寺に安置される観音菩薩（写真⑫）は、延宝三年頃（一六七五）の造像と思われる像容であるが、後頭部に「[梵字イ]」、「[梵字ウ]」は左腰部に書かれている。延宝七年の銘がある岐阜県羽島市上中町・中観音堂に祀られる護法神の後頭部は「[梵字イ]」であり、「[梵字ウ]」は肩の右側にある。貞享元年以後の円空仏の後頭部は大部分が「[梵字ウ]」である。

⑪　荒神　奈良県吉野郡天川村・栃尾観音堂

⑫　観音菩薩　愛知県一宮市丹陽町・長福寺

⑬　役行者　埼玉県幸手市手塚・個人

以上のように「[illegible]」は、時代とともに下部から上部へ移行をしていっている。

ところが、延宝九年頃の作と目される埼玉県幸手市手塚・個人（泉蔵院）安置の役行者（写真⑬）の背銘をみてみると「[illegible]」は最下部の右下にある。大概はそうであっても、常に例外があることは留意しなければならない。

「[梵字]」について

貞享二年頃作の岐阜県高山市丹生川町・千光寺の両面宿儺、「元禄四年」（一六九一）の背銘を持つ岐阜県下呂市小川・個人宅の青面金剛神等、後年の円空仏の多くの背面に「[梵字]」の梵字三種が書かれた像が多数ある。

この梵字三種について、最初に解釈されたのは棚橋一晃氏で、両面宿儺の背面には「功徳天十五童子」という文字があることから、「功徳天」を「十五童子」の主尊である弁財天と考え、この三種の梵字は「ウ（最勝）ス（弁財天）オン（帰命）」であり、「最勝の弁財天に帰命す」と解読された（注2）。

筆者は、三種種子の大部分が胎蔵界大日如来三種真言と一緒に書かれていることと、後年の円空の信仰の中心は胎蔵界大日如来と考えられることから、「「ウ　ア（[梵字] 胎蔵界大日如来）オン」と読み、「最勝の大日如来に帰命す」という論考を出した（注3）。

ところが拙論に対して、辻村智浩氏は、「ス」と「ア」の筆順の違いを指摘され、岐阜県郡上市美並町・星宮神社に遺された円空文書の中にこの三種種子が「弁財天女」と一緒に書かれていることから、「ウ（最勝）ス（弁財天）オン（帰命）」であるという論を出された（注4）。

辻村氏の説は明解であり、拙論は訂正したいと思っている。ただ、円空が彫った像の内で、数からいっても（二十四体、うち後半の像は八体）、それ程主要な位置を占めているとは思えない弁財天を、なぜ多くの像の背銘に書いたのだろうという疑問を解き明かせないでいる。

「一像多機能」の背面梵字墨書

阿弥陀如来・観音菩薩

岐阜県関市池尻・弥勒寺に、前頭部に化仏が彫られており、阿弥陀定印をした像が安置されている（写真⑭）。富士山状頭部と前頭部の化仏は観音菩薩を示しており、印相からは阿弥陀如来である。筆者は様式上、本像を「一像多機能」の像としてきた。

本像の背面は煤けて黒くなっており肉眼では何も見えないが、赤外線カメラで見てみると縦一列に七種の梵字が書かれていることがわかる。後頭部及びその下の二文字目は読みとれないが、三文字目は「𑖀」（ア 胎蔵界大日如来）、四文字目に観音菩薩種子「𑖭」（サ）があり、その下に阿弥陀如来種子「𑖮𑖿𑖨𑖱𑖾」（キリーク）が書かれている。六字目は「𑖮𑖳𑖽」（ウン 護法神）であり、一番下に「𑖟」（ダ 文末記号）がある。

⑭ 観音・阿弥陀
岐阜県関市池尻・弥勒寺

「[梵字]」と「[梵字]」、「[梵字]」は、円空が尊名に関係なく多くの像に書いている。従って「[梵字]」と「[梵字]」がこの像の尊名を表していると考えられる。円空は本像を、阿弥陀如来と観音菩薩の両機能を持った像として造像していることを背銘も示している。

阿弥陀・釈迦・薬師如来

岐阜県高山市桜町・相応院に肉髻の如来像（写真⑮）が祀られている。印相が彫られておらず、全体に煤けて背面は肉眼では全く見えない。赤外線撮影で見てみると、背面の最上部は「[梵字]」であり、その右下に釈迦如来の種子「[梵字]」（バク）があり、左下には薬師如来種子「[梵字]」（バイ）が、書かれている。

これら三種の如来種子が、同一の像に書かれている例は他にない。通常は一番上に尊名をあらわす種子が書かれており、そうすればこの像は阿弥陀如来であり、脇侍として釈迦、薬師を配したものだろうか。しかし普通には、また円空の造像例からいっても、そのような三尊形式は考えられない。

肉髻で印相が彫られていない円空仏は一四九体ある。その内背銘及び種子から阿弥陀如来として彫られた像は二三体、釈迦如来は七体ある。肉髻で印相のない像の内、一一九体は尊名を特定することはできない。

上品上生印をした阿弥陀如来は四一体あり、上品中生印の阿弥陀如来二体、上品下生印の阿弥陀如来五体が確認される。

法界定印の釈迦如来が五体、施無畏・与願印の釈迦如来一体、誕生釈迦像が五体ある。

薬師如来には原則として薬壺が彫られており、薬壺を持つ像は一〇一体が数えられる。

円空は、阿弥陀、釈迦、薬師の三如来共に数多く彫っている。本像の背面梵字は、「[梵字]」の下に「[梵字]」（カー

ンマン　不動明王)、「[梵字]」の下には「[梵字]」(ベイシラマンダヤ・毘沙門天)の種子が書かれている。この二尊種子は、脇侍として配されており、円空は生涯を通して尊像に関係なく多くの像に書いている。

「[梵字]」の下には、「[梵字]」(ウン　蘇悉地)、「[梵字]」(ア　胎蔵界大日如来)、「[梵字]」(バン　金剛界大日如来)の三種子が書かれ、金・胎両部合一を表している。これも多くの円空像に書かれており、尊名に直接の関係はない。

⑮　阿弥陀、釈迦、薬師如来
岐阜県高山市桜町・相応院

遺されている円空仏からは、阿弥陀、釈迦、薬師の三如来に対する円空の強い信仰が推し量られる。本像に書かれている梵字の内容からすれば、三如来の種子は尊名を表しており、一像で三尊の機能を持った「一像多機能」の像と考えられる。

(『円空学会だより』132号　二〇〇四年七月)

高山市久々野町・熊野神社の三尊の背面梵字墨書

岐阜県高山市久々野町・熊野神社には三体の円空仏（写真⑯）が蔵されている。いずれも彫りは可成り強く、像の表面は線刻ではなく面で構成する意識の方が強い。様式的には、飛騨地方に多く遺されている元禄期の像より少し前に遡りそうである。

薬師如来の背面には梵字が書かれている。後頭部に「[梵字]」（ウ）があり、その下に九種の梵字がある。この梵字が筆者にはまだ解けない。円空の書く梵字の多くはある程度のパターンがあり、それなりの意味づけもできる。しかしながら、本像に書かれている梵字には類似のものがない。元禄期に書かれている梵字の内容は大体同じであることから、この様な梵字の書き方は造像時期が元禄期より以前であることを想定させる。

円頂で宝珠を持ち岩座の上に立つ像は尊名をつけるが難しい。今いわれている「白山十禅師」は故谷口順三氏の命名であるが、隣町の高山市朝日町・神明神社に円頂で宝珠を持つ坐像の背銘に「白山十禅師」の墨書がみられるのであるいはそうかもしれない。ただ、同じ形態の像に円空は「八幡大菩薩」（岐阜県下呂市少ケ野・住吉神社）、「中雪嶽峯下殿大権現」（高山市奥飛騨温泉郷平湯・薬師堂）と書いている場合もあり尊名の断定はできない。円頂で宝珠を持つ像は各地に祀られているが、最も多い尊称は地蔵菩薩である。円空自身も、例えば下呂市小川の地蔵堂に祀られているこの様式の像の背面に、地蔵菩薩種子「[梵字]」と共に「地蔵大菩薩」の墨書を書いている。因みに高山市奥飛騨温泉郷平湯・薬師堂の「中雪嶽峯下殿大権現」の尊名を示すと思われる一番上部には「[梵字]」が書かれている。

⑯　観音菩薩　　　　薬師如来　　　　僧形像

岐阜県高山市久々野町・熊野神社

以上述べてきたように熊野神社の僧形像の尊名を特定することはできない。この像の背面にも梵字が書かれている。ところが、梵字の書体が円空のものとはやや異なっており、あるいは別人筆かもしれない。後頭部には阿弥陀種子「」（キリーク）が書かれており、像の形態と一致していない。その下に五種の梵字がみられるが、その内容も他の円空像に例をみないものであり解することができない。

富士山状の髪で衣紋の下で合掌し岩座の上に立つ像は恐らく観音菩薩であろう。背面梵字は後頭部に「」、その下に「」（アビラウン〈ケン〉 胎蔵界大日如来報身真言）が書かれているが最後の（ケン）がなくその位置に吉祥の「」（シリー）がみられる。そして「」（ウン）と「」の中間左側に小さく観音種子の「」（サ）が書かれている。こうした梵字の配列も普通みられないものである。

同じ久々野町栃洞・山神神社の三体の円空像は二体が後頭部に「」その下に（アバンランカンケン）が書かれており、もう一体は「」と 〈〉〈〉」（アラハ〈バ〉シャナウ〈キャ〉※〈〉は円空の用字 胎蔵界大日如来応身真言〉である。

隣の高山市清見町上小鳥・弘誓寺の地蔵は、頭部に「」その下に」が書かれている。

以上の例から考えると、「」（イ）と（胎蔵界大日如来一種真言）の組み合わせから、元禄期の「」（胎蔵界大日如来三種真言）の間に、「」と（胎蔵界大日如来一種真言）を書いた一時期が設定できるかもしれない。

円空は飛騨へ何度も巡錫の歩を向けていることが考えられ、久々野町・熊野神社の三体は、様式上及び背面梵字墨書の点から考えて飛騨へ向かう最も早い時期の作像と思われる。そしてその時期を筆者は貞享初期と推定している。

下呂市小坂町・松尾八幡宮の薬師如来の背面梵字墨書

下呂市小坂町・松尾八幡宮に薬師三尊が祀られている。中尊の薬師如来（写真⑰）は通常の薬壺ではなく宝珠を持っている。元来、薬師如来は薬壺ではなく宝珠を持っていたともされる。円空はそのことを意識して彫ったのかもしれないが、こうした像容の薬師如来は本像のみである。

本像の背面に書かれている梵字墨書の字体は、通常のものとはかなり異なっている。後頭部から三字書かれているのは、「〔梵字〕」（ウ　最勝の）が形を変えて書かれている。その下に装飾された「〔梵字〕」（キャ　日光菩薩）、「〔梵字〕」（シャ　月光菩薩）がある。その下は意味内容からすれば、「〔梵字〕」（バイ　薬師如来）が適当と思うが、

⑰　薬師如来　岐阜県下呂市小坂町・松尾八幡宮

「[梵字]」とは読み取り難い。右側には、「[梵字]」（ウン　護法神）、「[梵字]」（ボロン　一切結合）が書かれている。その下の「[梵字]」（ソワ）は、真言の末に「[梵字]」（ソワカ）とされるが、「[梵字]」一字のみがここに書かれている意味はわからない。あるいは、左下部に「[梵字]」（ベイ　毘沙門天）があるので、対としての「[梵字]」（ソ　弁財天）かもしれない。左側は「[梵字]」（カーンマン・不動明王）、「[梵字]」（シリー　吉祥）と「[梵字]」である。

注

（注1）「北海道の円空仏」阿部たつを『北海道の円空仏』江差フォトクラブ　一九七八年二月
（注2）棚橋一晃『奇僧円空』人間の科学社　一九七四年三月
（注3）小島梯次「下呂町の虚空蔵菩薩と「[梵字]」」『円空学会だより133号』二〇〇四年一〇月
（注4）辻村智浩「日本民藝館の円空仏～柳宗悦と円空～」『円空研究26』円空学会　二〇一〇年七月

おわりに

当初、本書は二年前に刊行する予定であった。二年も遅れてしまったのは、筆者の怠惰が主因であるが、その他、高齢をかえりみず多くの講座等と役職を引き受けて、時間の制約と体力の消耗を招いてしまったことも原因にあげられる。さらには、肺癌を患い入院と手術という思ってもみなかった事態に遭遇し気力、体力がややそがれたこと、加えて三十余年間住み慣れた我が家を、よんどころない事情で転居せざるを得なかったことによる時間的、体力的ロスも要因のひとつである。

ただ二年間のうちには、円空仏に関して羽島市中観音堂の十一面観音の像内納入品が明らかにされる等の重要な出来事もあり、本書に書き加えることができたのは幸運であった。ガンダーラの会で毎月行った円空講座で、二十数回にわたって「円空の和歌」を取り上げたことにより、「円空の和歌」についての筆者の見解を深めることが出来、本書「第三章 円空の和歌」に結実させることが出来たのも遅れたことによるプラスの面である。

次に刊行予定の『円空仏・紀行』『円空仏・庶民の信仰』は、出来るだけ早く完成させたいと思っている。

本書を購読して頂いた方々に深謝を申し述べると共に、続いて御声援をお願いしたい。

本書刊行に際して、多くの方の御指導と御協力があったことに感謝をしたい。特にM・K氏（御本人の要望によりイニシャル）には、面倒な校正を大変緻密に行って頂き、深く感佩したい。

令和三年七月十四日

小島 梯次

写真（敬称略・順不動）

アートワン　10 頁（以下同）・159 ④⑤

前田邦臣　89 ①・132 〜 143 ①〜⑪・217 ④の上・218 ⑤・220 ⑥・225 ⑨・230 ⑭・232 ⑮

他は筆者

絵（敬称略）

小宮山繁　92 ①・93 ②

初出掲載誌

『円空研究』『円空学会だより』

円空学会　482-0044 愛知県岩倉市宮前町 1 丁目 17-3

『ガンダーラ会報』

ガンダーラの会　467-0015 愛知県名古屋市瑞穂区十六町 2-52

著者紹介

小島梯次（こじま　ていじ）

昭和41年　名古屋大学文学部美学美術史卒業

円空学会理事長、全国木喰研究会評議員

著書、論文は『円空と木喰』（東京美術）、『円空仏入門』（まつお出版）、『木喰仏入門』（まつお出版）、「円空の生涯と作品」（円空展図録）、「円空仏の背面梵字による造像年推定試論」（円空研究別巻２）、「愛知県の円空仏」（愛知県史文化財編）など多数。

まつお出版叢書７

円空（えんくう）・人（ひと）

2021年12月20日　　第１刷発行

著　者　　小島梯次

発行者　　松尾　一

発行所　　まつお出版

〒500-8415

岐阜市加納中広江町68　横山ビル

電話 058-274-9479

郵便振替　00880-7-114873

印刷所　　ニホン美術印刷株式会社

※ 価格はカバーに表示してあります。

※ 落丁本、乱丁本はお取り替えします。

ISBN4-944168-50-7　　C1315